公共图书馆元数据仓储编目规则

萨 蕾 韩 萌 孟 然 编著

国家图书馆出版社
National Library of China Publishing House

图书在版编目(CIP)数据

公共图书馆元数据仓储编目规则/萨蕾,韩萌,孟然编著. --北京:国家图书馆出版社,2015.12

ISBN 978-7-5013-5742-0

Ⅰ.①公… Ⅱ.①萨… ②韩… ③孟… Ⅲ.①公共图书馆—数字资源—编目规则 Ⅳ.①G254.3

中国版本图书馆 CIP 数据核字(2015)第 292039 号

书　　名　公共图书馆元数据仓储编目规则
著　　者　萨　蕾　韩　萌　孟　然　编著
责任编辑　金丽萍　唐　澈

出　　版　国家图书馆出版社(100034　北京市西城区文津街 7 号)
(原书目文献出版社　北京图书馆出版社)
发　　行　010-66114536　66126153　66151313　66175620
66121706(传真),66126156(门市部)
E-mail　nlcpress@ nlc. cn(邮购)
Website　www. nlcpress. com ——→投稿中心
经　　销　新华书店
印　　装　北京科信印刷有限公司
版　　次　2015 年 12 月第 1 版　2015 年 12 月第 1 次印刷

开　　本　880×1230(毫米)　1/32
印　　张　4. 25
字　　数　95 千字

书　　号　ISBN 978-7-5013-5742-0
定　　价　30. 00 元

前　言

随着计算机、网络技术的发展和国家信息基础设施环境的完善，数字图书馆的建设得到稳步推进，数字资源不断增长，但由于不同资源及系统间存在异构性，传统的整合模式与检索服务已难以满足对图书馆资源的统一管理与揭示，这不仅降低了资源的利用率，更给用户带来极大不便。为提升服务水平，节省用户查询时间，提高资源利用率，亟须建立一种新型的资源管理与检索模式。

元数据仓储是将异构数据库系统中的元数据复制并提取，通过分析、综合、转换、清洗和装载，使分散的、异构的数据转换为集成的、同构的数据，从而提供一个集中的、统一的"一站式"检索服务。元数据仓储相当于用户对本地单个数据库进行直接检索，可提升检索响应速度和整合效率，有利于数据挖掘和知识发现，可实现各类数字资源的一站式检索服务。元数据仓储的建设将为数字资源的有序组织、统一管理和高效检索提供基础，为数字资源的深层次揭示提供保证，为读者提供方便、快捷、功能强大的数字资源服务，并进一步推动数字图书馆建设的可持续发展。

2013 年，国家向各省下达专项资金用于省级图书馆开展数字图书馆推广工程数字资源联合建设工作。这一项目开启了全国范围内的数字资源合作建设体系的建设，具有划时代的意义。项目实施两年来，取得了显著的成果，共建馆涵盖了全国所有省、市级公共图书馆，建设了大量的数字资源，充分证明了联合建设是全国公共图书馆建设数字资源行之有效的方式。元数据仓储项目是联建工作最早开展的项目之一，有利于加强全国公共图书馆自建数字馆藏的统一展示，实现资源的统一管理与利用，对联建工作及我国数字图书馆事业都起到重要的支持作用。项目经过连续两年的建设，成果斐然。但是，图书馆自建数字馆藏类型多样、元数据格式各异以及联建馆数量的持续增加，对项目的可持续发展带来了一定影响，因此，项目建设标准化、规范化的要求日益凸显。为更好地建设元数据仓储项目，特制定本规则，主要为公共图书馆共同进行自建数字馆藏元数据的制作提供著录细则，同时提供编目实例，两者相辅相成，帮助编目人员快速准确地理解本规则。

感谢各省级、副省级公共图书馆同仁的支持和协助，感谢国家图书馆各位领导的支持与帮助，感谢国家图书馆推广工程培训与资源建设组梁蕙玮、郭炯、汪静、李云龙、韩萌、苏宾、孟然的辛勤付出，感谢国家图书馆出版社编辑的细致审核，正是在各方的支持、指导、帮助和参与下，本书才得以顺利出版。

由于元数据仓储的建设涉及面广，本书撰写时，很难涵盖所有的资源类型或囊括资源的所有属性，对于疏漏之处，敬请各位专家学者及图书馆同人不吝指正。

萨　蕾

2015 年 5 月

目　录

第一部分　综述

1 元数据研究

1.1 定义

元数据最通俗的定义是"关于数据的数据"。对元数据的研究往往是从元数据的定义入手,因此产生了多种更明确更细化的定义。包括以下几种:

• data that defines and describes other data. [ISO/IEC 11179 – 3:2003(E)]

• 元数据是关于数据的数据。此术语指任何用于帮助网络电子资源的识别、描述和定位的数据。(IFLA)

• 用于提供某种资源的有关信息的结构数据(Structured data),或者说是描述其他数据的数据(Data about other data)[1]。

• 元数据是用于描述数据内容(what)、覆盖范围(where when)、质量、管理方式、所有者(who)、提供方式(how)的数据,是数据与数据用户之间的桥梁[2]。

• 元数据是与对象相关的数据,此数据使其潜在的用户不必预先具备对这些对象的存在或特征的完整认识。它支持各种操作。用户可能是程序,也可能是人[3]。

• 元数据是对信息包(Information package)的编码描述,其目的在于提供一个中间级别的描述,使得人们据此就可以做出选择,确定其想要浏览或检索的信息包,而无须检索大量不相关的全文文本[4]。

• 关于信息资源或数据的一种结构化的数据[5]。

• 是面向某种特定应用的用于描述资源属性的机器可理解的信息。通过规范语法结构和语义结构,使得机器能够无二义性地表现和获取信息[6]。

……

对上述定义进行分析,可以看到,这些定义对元数据的特征进行了概括，其特征包括以下几点。

1.1.1 元数据的描述对象

元数据的描述对象包括数据、信息或知识。数据是对客观事物、事件的记录、描述，是可由人工或自动化手段加以处理的数字、文字、图形、图像、声音等符号的集合。信息是客观世界中各种事物的状态和特征的反映，是与问题相关的数据，可以采用文本、图形、图像、音频、视频等形式记录下来，能通过媒介进行传输。知识是人们从实践经验中总结出来且被新的实践所证实的规律及经验的总结，是可以用于推理的规则[7]。

不对描述对象进行限制更能体现元数据的作用，也更符合元数据的本质特征。基于此认识，元数据所描述的对象既包括实体文献，也包括数字资源；既包括单个的独立资源，也包括集成性资源（如期刊、网站等），以及多媒体资源等；既包括物理实体，也包括虚拟实体；既包括知识组织工具（如词表）、服务、信息系统等，也包括元数据本身。而从数据的类型上看，包括了书目型数据、文献型数据、数字型数据、数值型数据等。

1.1.2 元数据涵盖的范围

随着因特网的发展，元数据的概念出现在图书情报领域，一般认为，元数据这一词汇最早出现在 1988 年美国国家航空航天局（NASA）的《目录交换格式》（*Digital Information Formats*，简称 DIF）手册中。在这一词汇出现之前，图书馆已经进行了多年的编目工作，制作了大量的书目数据、索引数据等。最为通用的 IFLA 的定义也将元数据的描述对象局限于网络电子资源。但是，也有学者认为书目数据是元数据，TEI 标题也是，或其他形式的描述[8]。尽管描述对象发生了很大的变化，使得描述网络资源的元数据与传统的书目数据在元数据标准上有着一定的差异，但是，从元数据的描述对象来看，传统的书目数据、目次数据等也应是元数据的一部分，描述网络资源的元数据与书目数据仍然是同一性质，同时，将元数据局限于对网络电子资源的描述不利于元数据的发展。因此，对元数据的定义应是较为宽泛的，从元数据所起的作用出发进行定义更为科学合理。

1.1.3　元数据的属性

元数据最基本的属性包括两点：

其一，元数据具有明确的语义和结构。元数据具有明确的语义和结构，这一性质使得元数据互操作具有了可行性。元数据的互操作性体现在对异构系统间互操作能力的支持。基于互操作实现的信息资源的共享与融合可以使元数据发挥更大的使用价值，因此，互操作性在元数据使用与发展的过程中具有重要意义。然而，不同的元数据都具有一定的个性化特点，因此，在互操作时，应以损失最小化为原则。

其二，元数据是机器可读、可理解的数据，即元数据的使用者可能是人，也可能是机器。在数字时代，这一点是元数据存在的基础，也是更好发挥元数据功能的重要保障，也确保了元数据在生成、组织、管理、利用、保存等过程中与机器的语义互通。因此，这一点是至关重要的。

1.1.4　元数据的特点

元数据最显著的特点为描述性及模块化两点。

(1)描述性

描述是元数据最重要最基本的功能，不论是描述元数据还是管理元数据，都是在对描述对象的某一方面的属性进行描述。

描述性体现在元数据的形成过程中，其重要性在于只有加强描述性才能实现元数据管理、使用的功能，因此，在制作元数据时，要遵循客观性、准确性、完整性等描述原则。

(2)模块化

模块化(Modularity)，指按照所描述的信息系统内容，将元数据划分为针对不同层次、功能或应用的逻辑模块，每个元数据格式只是一个这样的模块，分别对信息系统的不同内容进行描述，分别满足不同的逻辑功能和应用需要[9]。

模块化主要以两种方式体现：①不同的元数据类型形成了不同的模块。如：MARC 元数据标准家族包括了书目数据、馆藏数据、规范数据。②不同的功能形成了不同的模块。如国家图书馆元数据规范中就要求,元数据应包括描述信息、技术信息、管理信息。

模块化的优点在于:模块化使得元数据标准的建设具有动态性,一个模块可以独立使用,也可以实现按照具体需求与其他模块的多次重组;对于实际应用,往往需要多个模块的组合才能满足需求,模块化与资源描述与使用的客观需要相吻合;模块化有利于对元数据标准的复用,在复用时,可从其他元数据中选择部分模块直接复用,或按照自身的需求进行一定的扩展。

1.1.5 元数据的结构

元数据包括内容结构、语法结构、语义结构。内容结构定义了元数据的构成要素,如描述性元素、管理性元素、元素选取使用规则等。语法结构定义了元数据的格式结构及其描述方式,包括元数据的结构、元素结构、元素复用方式、与描述对象的捆绑方式等。语义结构定义了元素定义、元素内容编码规则定义等。语义通过属性元素表达,结构是语义的抽象载体,可以提供人类和机器的双重理解;语法(句法)是置标方案,用以传达语义和结构。

1.2 类型

研究者对元数据的类型也有多种认识。主要有以下几种:

(1)杨超认为数字图书馆领域的元数据可以分为以下三类[10]:

①描述性元数据(Descriptive Metadata):描述对象知识内容的信息,例如 MARC 编目记录,检索工具或者类似的模式、框架。

②管理性元数据(Administrative Metadata):允许仓储管理对象的必需的信息,包括扫描信息、储存格式等(通常这类元数据也被称作技术元数据)、版权和许可信息、数字对象长期保存所需要的各种信息(保存元数据)。

③结构性元数据(Structural Metadata):将对象互相连接以形成逻辑单元的信息,例如一本书中每页内容的镜像互相关联从而形成这本书自身。

（2）Anne J. Gilliland-Swetland 将元数据分为以下五种类型[11]：

①管理型：在管理信息资源中利用的元数据。

②描述型：用来描述或者识别信息资源的元数据。

③保存型：与信息资源的保存管理相关的信息。

④技术型：与系统如何行使职责或元数据如何发挥作用相关的元数据。

⑤使用型：与信息资源利用的等级和类型相关的元数据。

（3）根据元数据在组织信息资源的功能上划分，元数据可分为以下几种[12]：

①知识描述型元数据（Intellectual Metadata），用来描述、发现和鉴别数字化信息对象，如 MARC、DC，它主要描述信息资源的主题、内容特征，体现在所形成的记录上，每条记录都是对数据值和内容的表达。

②结构型元数据（Structural Metadata），描述数字化信息资源的内部结构，如层次、类属、目录、章节、段落的特征。

③存取控制型元数据（Access Control Metadata），用来描述数字化信息资源能够被利用的基本条件和知识产权特征，以及这些资源的期限和使用权限。

④评价型元数据（Critical Metadata），描述和管理数据在信息评价体系中的位置。

（4）从元数据的层次体系角度可以分为以下元数据类型：

①赵军认为：广义元数据的层次体系由第一层至第六层依次为，信息内容格式元数据、内容对象元数据（狭义元数据）、资源集合元数据、管理与服务机制元数据、过程与系统元数据、宏元数据[13]。

②肖珑、赵亮认为：根据数字资源从产生到服务的生命周期、元数据描述和管理内容的不同以及元数据作用的不同，分为多种类型。内容元数据：描述数字对象内容及结构的元数据。专门元数据：描述单一数字对象（如学位论文、古籍、网络资源、期刊论文等）的内容、属性及外在特征的元数据。资源集合元数据：按照学科、主题、资源类型、用户范围、生成过程、使用管理范围等形成的信息资源集合（如数据

库、知识组织系统等)的描述。管理元数据:数字对象的加工、存档、结构、技术处理、存取控制、版权管理以及相关系统等方面信息的描述。服务元数据:数字资源服务的揭示与表现、服务过程、服务系统等方面的相关信息的描述。元元数据:对元数据的标记语言、格式语言、标识符、扩展机制、转换机制等信息的描述。上述体系中,信息内容元数据、专门数字对象元数据和资源集合元数据更多的是发挥对资源本身的内容、属性、外在特征的描述作用,称为“描述元数据”,另外几种则比较多地发挥了对资源和元数据的管理作用,称为广义上的“管理元数据”[14]。

仔细考察上述的各种观点,可以看到,元数据的类型以描述型元数据与管理型元数据为主。对于描述型元数据基本上都有共识,而对于管理型元数据的认识,则有狭义与广义之分,狭义的理解是将管理功能与保存功能、技术特征和使用功能区分开,而广义的理解是将服务型元数据、技术型元数据、保存型元数据、存取控制型元数据等都作为管理元数据的一种。细化元数据的分类有利于按照不同的功能需求设置元数据的结构,而将管理元数据理解为广义概念,有利于对元数据进行管理和交换。

2 DC 元数据研究

2.1 概述

DC 元数据(都柏林核心元数据,Dublin Core Metadata),于 1995 年 3 月由 OCLC 与国家超级计算应用中心(NASA)联合发起,因创始地在美国俄亥俄府都柏林而得名。其目的是建立一套描述数字资源的标准。DC 元数据是图书馆界在著录数字资源时使用的最为通用的元数据格式。

从诞生之日起,DC 元数据经历了一个不断发展完善的过程。下面简要介绍一下 DC 元数据的发展历程。

1995 年 3 月，第一届 DC 会议召开，DC 元数据正式诞生。会议的主要内容包括：①将 DC 元数据的描述对象定义为“类文献对象（Document Like Object）”，主要是指网页资源；②设置了 13 个元素：Subject、Title、Author、Publisher、Other Agent、Date、Object Type、Form、Identifier、Relation、Source、Language、Coverage；③确立各种基本原则。

1996 年 4 月，第二届 DC 会议召开，讨论 DC 元数据应用的语法和结构问题，提出 Warwick 框架，作为一种兼容各种相互替代或互为补充的不同元数据方案的容器。该框架既为限制 DC 本身的应用范围（局限于“资源发现”），也提供了一个可以把 DC 和其他词表统一起来的概念基础，以满足任何单一元数据方案无法满足的需求[15]。

1996 年 9 月，第三届 DC 会议召开，提出 DC 元数据在互联网图像资源描述方面的应用方案，针对图像描述的需求，增加了 Description、Rights Management 两个元素。专门讨论了与 MARC 映射的问题。

1997 年 3 月，第四届 DC 会议召开，讨论 DC 元数据应用的扩展问题。在这次会议上，最小主义学派（Minimalists）坚持简单性原则，结构主义学派（Structuralists）则认为应对元素进行限定和修饰。最终，会议提出了三类“堪培拉限定词”，即对 DC 元数据元素可以从取值的 Language、Scheme 和 Type 三个方面进行限定或扩展，提出了 DC 限定版。

1997 年 10 月，第五届 DC 会议召开，在这次会议中对 DC 的非限定版 DCMES 最终确立。同时，讨论了一对一原则和 RDF 结构的应用。

1997 年 11 月，第六届 DC 会议召开，形成了 DCMI 的基本组织形式和运行模式。至此，DC 元数据已初步成型。

2000 年 10 月，第八届 DC 会议召开，提出应用纲要形式解决元数据的领域应用问题。

2003 年 DC 会议提出 DC 元数据抽象模型，对各类应用纲要进行规范。

2007 年 DC 会议提出了被称为“新加坡框架”的元数据应用规范。

至今,DC 已发展成为涵盖一系列文档的标准规范体系,其中,除了以 DC 元数据术语集为主的语义规范外,还发展起包括词表、编码规范、模型等文档的一整套辅助规范。

2.2 特点

第一届 DC 会议对 DC 元数据的原则进行了总结,这些原则清楚地阐明了 DC 元数据的特点[16]:

(1)简单性原则

要求定义一个能得到最广泛应用、被全球所理解和接受的最小元素集,并能作为特殊用户详细描述需求的一个核心集。

(2)易用性原则

要求能方便作者和信息提供者描述自己的文档,而不给他们增加太多的负担,并能方便地实现资源发现工具之间的互操作性。

(3)内在性(Intrinsicality)原则

指 DC 元数据以揭示描述对象自身的内容属性为主,外部属性为辅。

(4)可扩展性原则

希望 DC 成为一个“核心”元素集合而可以通过各种方式扩展为适应各领域资源描述需要的元数据方案。

(5)句法独立(Syntax-Independence)原则

指 DC 元数据的元素可以以多种方式编码,应用于各类技术平台中。DC 只规定元素的基本语义。

(6)可选择性

指 DC 元素集合中的任何元素都是可选的。

(7)可重复性

指 DC 元素集合中的任何元素都是可重复的。

(8)可修饰性

指在具体应用中可以对 DC 元素集中的任何元素进行进一步“修饰”或“限定”,但不能扩大或改变元素的基本语义。

从上述原则可以看到,DC 元数据的特点主要有可扩展性和开放机制两点。

2.2.1　可扩展性

MARC 元数据经过多年的发展,已非常完善,几乎文献中需要被描述的信息都可以被容纳进 MARC 已有的字段中,有些字段是结构化的,著录专指性强的信息,有些字段是非结构化或半结构化的,可著录较为宽泛的内容。因此,MARC 元数据的扩展性较差。DC 元数据遵循简单性原则,因此,元素的设置都较为宽泛,在应用中要满足个性化需求时,必须通过元素的扩展来实现。

可扩展性是指整个元数据体系和每个元数据模块都应可扩展,通过复用、嵌接、扩展、修改等方式,根据应用需求灵活地构建和扩展已有的元数据[17]。

可扩展性的优点在于,元数据标准的核心元素保持简单性,便于与其他格式元数据的互操作;核心元素通用性强,不会经常变动,可以保持元数据体系的稳定性;同时,又可以通过扩展机制满足各种类型资源的描述需要。

2.2.2　开放机制

MARC 元数据是一种较为封闭的元数据格式,其交换和共享都要通过 Z39.50 协议实现,只能在图书馆内部使用,无法与其他的系统实现互操作,也不能直接向万维网开放。尽管图书馆界进行了一些改进,如研制 MARCXML 格式等,但 MARC 元数据制作与使用的主流方法还是无法改变封闭的状态。而 DC 元数据自产生之初就采取了开放的机制。这一特点使 DC 元数据在网络环境下具有生存和发展的可能性。

元数据开放机制指的是在元数据的整个生命周期中,以一些开放的原则、方法、技术等机制来保障元数据的有效性、扩展性及互操作能力[18]。在开放机制下,元数据建立的过程就是对其他元数据格式分析和复用的过程。复用时,应保证语义的清晰性与一致性,即复用的元素应具有明确的语义,且不同元数据模块的元素语义间不能存在语义的冲突或交叉。要建立开放机制环境，首先在制定某一元数据标准时，应采用开放的描述方法，如采用 XML、RDF 等开放语言定义和描述元数据格式，其次在构建元数据标准体系时，应建立开放的元数据注册系统，实现对元数据标准的规范管理。

开放机制使 DC 元数据既具有自身的特性，又能与其他元数据格式具有良好的融合性。

2.3 数据模型

一种元数据标准只有适应多种复杂的个性化应用，才能得到发展，在简单化原则与复杂化需求的博弈中，DC 元数据已发展成以术语集为主的多个标准规范组成的严密体系。这一体系以抽象模型为基础。

2.3.1 术语集

第一届 DC 会议提出了 DC 的 13 个核心元素，第三届 DC 会议增加为 15 个，第四届 DC 会议提出了 DC 限定版，第五届 DC 会议最终确定了非限定版的元素集。限定，是对元数据语义的进一步限定和细化，也叫修饰词。包括元素修饰词、编码体系修饰词。元素修饰词对元素的语义进行修饰，提高元素的专指性和精确性；编码体系修饰词用来帮助解析某个术语值的上下文信息或解析规则，其形式包括受控词表、规范表或解析规则，能够起到对网络资源进行规范控制的作用。

2008 年发布的术语集根据抽象模型做了修订，为了不影响已有的简单 DC，DCMI 没有给 DCMES 的 15 个属性规定定义域和值域，而是在 dcterms 命名域中新创建了 15 个具有相同名称的属性，这些新属性被规定为原有属性的子属性，同时分配了定义域和值域。不再把属性分为元素和修饰词两种类型[19]。

经过多年的发展，2012 年发布的术语集已经由 15 个核心元素发展为 55 个术语，此外，还包括了 9 个词表编码体系、12 个句法编码体系、22 个类。

2.3.2　抽象模型

抽象模型是为保证 DC 元数据的多个应用能够保持内在一致性而产生的,2005 年成为 DCMI 的推荐规范,2007 年,经过修订再次发布。

抽象模型包括资源模型(Resource Model)、描述集模型(Description Set)、词表模型(Model Vocabulary Model)。从根本上与 RDF 保持一致,沿用了 RDF 属性、子属性、类的定义。

(1)资源模型:每个被描述的资源拥有一个或多个属性/值对。

(2)描述集模型:一个描述集是一条或多条描述的集合,一条描述由一个或多个陈述和零到一个标识符组成,一个陈述是一个属性/值对。

(3)词表模型:一个词表是一个或多个术语词汇的集合,一个词汇可以是一个属性、类、词表编码体系或句法编码体系。

抽象模型除了定义了一个独立于任何特定编码方式的信息模型,还规定了扩展的原则,包括:

(1)一比一原则(One-to-one Principle)

描述集模型中规定,一条描述包括了一个或多个陈述,而这些陈述与一个并且仅仅一个资源相关,即一条描述只能描述一个并且仅仅一个资源。

(2)向上兼容原则(Dumb-down Principle)

词表模型中规定,如果一个"属性—值"对使用子属性及对应的值来描述一个资源,那么这个资源也可以用子属性关联的属性(父属性)及子属性的值来描述[20]。

抽象模型制定了统一的信息模型,独立于任何句法规范,同时,与 RDF 保持了一致,能够较好地应用于语义网环境,抽象模型的这些特点保证了 DC 元数据的可持续发展,并为其大规模应用奠定了基础。

第二部分　总则

1　范围

本规则参考了 DC 元数据术语集、DC 抽象模型和 DC 图书馆应用纲要，以及国家数字图书馆工程标准规范成果，同时结合了项目发展的具体要求而制定。适用于数字图书馆推广工程资源联合建设，为联建元数据仓储项目的建设提供指导性原则。

规则明确了自建数字馆藏元数据每一术语的著录内容、取值范围，制定了著录过程中可能遇到的特殊事项的著录原则，同时提供了可供参考的典型著录范例。

本规则中的著录示例仅用于帮助理解术语的著录规则，并非完整的元数据记录。示例的著录形式并非是不能改变的、规定的著录形式。

2　规范性引用文件

下列文件对于本规则的应用是必不可少的。凡是注日期的引用文件，仅注日期的版本适用于本文件。凡是不注日期的引用文件，其最新版本（包括所有的修改单）适用于本文件。

GB/T 25100—2010 信息与文献　都柏林核心元数据

DCMI Metadata Terms. [DCMI-TERMS]
DCMI 元数据术语集[DCMI-TERMS]
<http://dublincore.org/documents/dcmi-terms/>

DCMI Abstract Model
DC 抽象模型

<http://dublincore.org/documents/abstract-model/>

DC-Library Application Profile(DC-Lib)
DC 图书馆应用纲要
<http://dublincore.org/documents/library-application-profile/>

3 主要名词术语

元数据:定义和描述其他数据的数据。

著录:编制文献目录时,按照一定的规则对文献的形式特征和内容特征进行分析、选择和记录的方法和过程。

信息标引:是依据一定的标引规则,在对信息资源内容属性进行分析的基础上,给出信息资源属性的检索标识过程。

4 著录对象

著录对象为分布在全国各公共图书馆已发布的自建数字资源,类型包括但不限于数据库、图书、连续性资源、文章、图像、音频、视频、网页等。

著录对象的类型需按照资源本身的类型来确定,不受资源格式的影响。例如,经拍摄方式形成的数字图书不属于图像,应为图书。

对于由数字化而成的印刷型文献,著录对象为数字资源。

5 著录单位

一般以具有独立名称、并可独立使用的一个资源为著录单位,如一个数据库、一种图书、一本期刊、一幅图像、一个网页等，以及数据库中的子库、会议论文集或期刊中的一篇论文、一张光盘中的一个曲目等。

对于多部分资源，一般可自由选择综合著录或分散著录。但在选择时应遵循以下几个原则：

(1)著录对象

某些类型的著录对象以综合著录为宜。如，来自于某一金石器物不同部位的多个拓片，当作为拓片著录时，综合著录有利于描述该金石器物的整体状态。

(2)各个部分内容的重要性

多部分资源中的各个部分如果没有主次之分，可选择综合著录或分散著录，如果以某一部分为主，其他部分为辅，以综合著录为宜。

多部分资源是否有主次之分可根据资源的外在形式、出版类型、内容、内容所起作用来判断。如，有声图书，使用者可以看，也可以听(可用于盲人)，文本文件与音频文件都可单独使用，这时文本与音频所起作用相辅相成，无主次之分。如果有声图书是作为语言听力教材出版的，则音频起主要作用，文本起辅助作用，此时，应进行综合著录。

(3)馆藏资源利用的需要及用户的需求

编目应以用户便利性为首要原则，著录对象的选择应考虑资源的受众。如，著录一组舞蹈时，当目标用户为普通公众时，应以舞蹈为著录对象，将多个数字对象视为一个整体；当目标用户为专业舞蹈演员或研究人员时，可按照分解动作进行分散著录。

6　著录信息源

著录信息源是资源本身。资源本身是著录的首选来源。包括：①资源本身内在的信息源；②物理载体。

资源本身信息不足，可参考其他信息源。包括：①实体文献；②参考资料;③其他相关资源。

连续性资源著录的基础是本题名下第一期或第一部分。

7 著录用文字

转录自资源的信息应客观描述,按资源本身的文字著录,包括题名、责任说明、目录、出版发行、丛编、出自、相关资源、版本。外文字母的大小写、标点符号等应遵照其语言文字的书写规则;著录我国各少数民族文献,应遵循其民族文字书写规则;古籍文献以规范繁体字著录。

由编目员进行描述或标引的信息均采用简体中文著录,包括除上述所列按资源本身的文字著录外的所有信息。

有规范或规定编码标准的要求按标准著录,如语种。

日期用阿拉伯数字著录。

标识符均为西文中的半角标点符号。

8 著录规则的内容结构

在著录细则中,以术语为主线撰写著录规则,每个术语说明的项目详见表 2 – 1“著录规则中的术语定义”。

表 2 – 1 著录规则中的术语定义

项目	项目定义与内容
名称	赋予术语的唯一标记
定义	术语在本规范中的定义
著录内容	在定义的基础上,详细规定著录时的相关内容
注释	对术语著录时任何注意事项的说明
限定	说明被描述的术语是该属性的子属性

续表

项目	项目定义与内容
规范文档	说明著录元素内容时依据的各种规范。元素取值可能来自各种受控词表和规范。它可以和编码体系修饰词一致,也可以是适应具体需要而做出的相关规则
必备性	说明术语是否必须著录。取值有:必备(M)、可选(O)、有则必备(A)
著录范例	著录时的典型实例

9　术语集说明

本规则在参考了 DC 元数据术语集、DC 抽象模型和 DC 应用纲要,以及国家数字图书馆工程标准规范成果(元数据总则和专门元数据规范)的基础上,根据项目发展的具体需求,按元数据总则的扩展原则共设置术语 59 个。

表 2-2　元数据术语列表

序号	术语名称	必备性	序号	术语名称	必备性
1	正题名	必备	7	分类法(四部分类法)	古籍必备
2	其他题名	有则必备	8	主题词或关键词	必备
3	责任者名称	有则必备	9	摘要	必备
4	责任方式	有则必备	10	目录	有则必备
5	分类法	必备	11	图像	数据库必备
6	分类法(中图分类法)	非古籍必备	12	附注	有则必备

续表

序号	术语名称	必备性	序号	术语名称	必备性
13	出版者名称	有则必备	30	分辨率	图像、视频必备
14	出版地	有则必备	31	声音	视频必备
15	开始日期	有则必备	32	比特率	音频、视频必备
16	终止日期	有则必备	33	运行环境	有则必备
17	出版日期	有则必备	34	页码	图书必备
18	创建日期	有则必备	35	文字语种	有则必备
19	发布日期	有则必备	36	字幕语种	有则必备
20	更新频率	数据库必备	37	声道语种	有则必备
21	内容形式	必备	38	丛编	有则必备
22	媒体类型	必备	39	所属数据库	有则必备
23	学科类型	数据库必备	40	出自	文章必备，其他类型有则必备
24	原始标识符	有则必备	41	相关资源	有则必备
25	文件大小	有则必备	42	时间范围	有则必备
26	时长	音频、视频必备	43	空间范围	有则必备
27	文件格式	非数据库必备	44	版本	有则必备
28	文件数量	有则必备	45	访问方式	必备
29	颜色	图像、视频必备	46	访问范围	局域网访问必备

续表

序号	术语名称	必备性	序号	术语名称	必备性
47	发布地址	必备	54	标识符（ISBN）	有则必备
48	适用对象	必备	55	标识符（统一书号）	有则必备
49	出版频率	连续性资源必备	56	标识符（CN）	有则必备
50	馆藏范围	连续性资源必备	57	标识符（DOI）	有则必备
51	标识符	有则必备	58	标识符（CDOI）	必备
52	标识符（ISSN）	有则必备	59	其他字段	有则必备
53	标识符（ISRC）	有则必备			

第三部分　著录项说明

1　正题名

名称:正题名

定义:资源的名称。

著录内容:著录资源的主要名称。可以具有多种形式。如通用术语、词组、缩写词、数字、字母、符号等。

注释:

(1)正题名包括交替题名以及由共同题名与从属题名标识和(或)从属题名组成的题名等。

交替题名是指规定信息源中出现的,由两个部分组成的正题名的第二部分。著录时按规定信息源上的顺序依次著录于正题名第一部分之后,原题"原名""一名""又名""或"等连接词如实著录,连接词前后用逗号标识(例1)。

共同题名是指一组相关文献所共有的题名,它用于表达这些文献之间的关系,并与分辑题名一起识别某种文献。

从属题名是指本身不足以识别一种文献,必须与共同题名一起才能识别该文献的分辑题名、补编题名、分丛编题名等的统称。从属题名标识是指丛编中各册(辑、期)的顺序编号,可以是数字、字母、其他符号或者是它们的组合形式。

对共同题名与从属题名共同组成正题名的著录方式为:先著录共同题名,再著录从属题名标识和(或)从属题名。应采用 ISBD 著录标识符,只有从属题名标识或从属题名,其前用". "(句点、空格)标识,既有从属题名标识又有从属题名,其前分别用". "(句点、空格)", "(逗号,空格)(例2—5)。结构形式为:

共同题名. 从属题名

共同题名. 从属题名标识, 从属题名

(2)应按照规定信息源中所载题名的原样照录,对于有语法关系的标点符号、空格也应照录(例6—7)。如有方括号("[]")应著录为圆括号。

(3)如果规定信息源中有两种或两种以上文种(或语种)题名时,应选择中文题名作为正题名,另一文种(或语种)题名著录在其他题名(例8)。

(4)正题名应选自主要信息源。如果主要信息源上缺乏正题名,可根据其他的规定信息源著录。如规定信息源无正题名,则需要编目者补充,并用"[]"括起。自拟正题名应使用可以概括资源内容的词、词组、符号等,不能使用"图1""讲座1"等无意义的名称作为正题名(例9)。

(5)规定信息源所载正题名明显错误或不完整,应原样照录,同时在"附注"项说明,并前置规范导语。

(6)如果资源上出现多个内容有差异的正题名时,应按照正确性、完整性的原则选择正题名,对其他的题名信息按以下方式进行处理:①如与正题名差异较大或具有检索意义,应将另一题名著录在附注项,并前置规范导语(例10);②如差异较小且不具有检索意义,可不著录;③如为错误的则不著录。

(7)资源由两个或更多的作品组成,但没有总题名时,如果以一部作品为资源的主要部分,则著录该作品的题名,其他作品的题名著录在附注项;如果多部作品不分主次,则按规定信息源上的顺序逐个著录各个作品的题名,中间以半角分号分隔。

(8)数据库的正题名选取自数据库发布页面,客观著录(例11)。如果数据库的名称有变化,应著录改变后的名称。

(9)古籍的正题名为繁体字时,应客观著录(例12)。

(10)连续出版物正题名出现重要改变,应创建新的元数据;正题名出现小改变,通常将变化后的题名著录在附注项。

(11)图像无正题名,由编目员按内容自拟,可包括以下内容:人物、地点、时间、事件等(例13)。当多个图像内容近似时,正题名应有所区别(例14)。

(12)如对一个独立的音频或视频的多个片段分别进行著录时，正题名一般需由编目员自拟，自拟题名应具有专指性，能反映该片段的内容(例15)。

(13)拓片文献中有明确题名(首题、额题、阴首题、阴额题、盖题、中题、尾题、卷端题等)的，一般依其题名著录。无正题名，按以下规则著录：如为较著名的拓片，可依通用的名称著录，如前人无著录，应由编目员按内容自拟，可包括以下内容：人物、地点、文字、内容、器物形式等(例16)。

(14)各语种的正题名要按照各语种的语言习惯。

规范文档：无

必备性：必备

著录范例：

例1：

正题名：红楼梦，又名，石头记

例2：

正题名：郭沫若全集．第一册

例3：

正题名：生物化学集刊．第二卷．第2期

例4：

正题名：中国动物志，第二十八卷．节肢动物门

例5：

正题名：中国卫生标准汇编．环境卫生卷

例6：

正题名：人权　主权　霸权

例7：

正题名：为了幸福，干杯！

例8：

正题名：魔岭大战

其他题名：བདུད་གླིང་གཡུལ་འགྱེད།

例 9：

正题名：[北陵志略]

（注：此书无题名，由编目员自拟）

例 10：

正题名：太平御览引得

附注：封面题名：太平广记篇目

（注：本书题名页题名为《太平御览引得》，封面题名为《太平广记篇目》，选择题名页题名作为正题名著录，封面题名具有检索意义，因此著录在附注。）

例 11：

正题名：前尘旧影

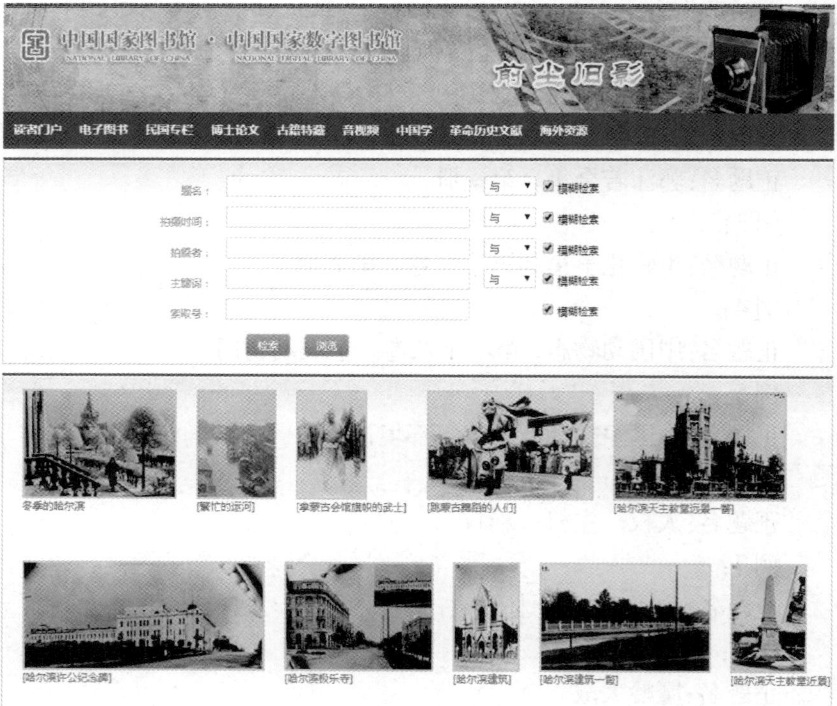

例 12：

正题名：天津衞志四卷首一卷

例 13：

正题名：[跳蒙古舞蹈的人们]

例 14：

正题名：[哈尔滨天主教堂远景一瞥]

正题名：[哈尔滨天主教堂近景]

例 15：

正题名：[北京风情．北京玉器]

（注：北京玉器为北京风情纪录片析出的视频片段）

例 16：

正题名：[妇好鼎]

（注：青铜器可按器物铭文中辞语拟定题名）

2　其他题名

名称：其他题名

定义：可代替正题名使用的其他任何题名。

著录内容：著录其他语种的题名或用于限定、补充、解释正题名的题名信息。

注释：

（1）限定、补充、解释正题名的题名信息，应具有相对独立性，不能是正题名的一部分（例 1—2）。

（2）其他语种的题名须是出现在规定信息源上与正题名不同的另一种语言和/或文字并且表现为等同于正题名的题名（例 3）。

（3）正题名含义不清，可自拟说明性短语作为其他题名，并用“[ ]”括起（例 4）。

（4）正题名由简称或缩写词组成，同时全称形式也出现在规定信息源中，全称形式应作为其他题名著录。

(5)少数民族语言文献以汉语题名作为正题名著录时，规定信息源上出现的少数民族语言题名应作为其他题名著录(例5)。

(6)多个其他题名中间以半角分号分隔。

(7)正题名以外的卷端题名、逐页题名、书脊题名、曾用题名(连续出版物)等应著录在附注项，从编题名应著录在从编项。

规范文档:无

必备性:有则必备

著录范例:

例1:

正题名:邓小平——当代中国马克思主义的创立者

例2:

正题名:周恩来

其他题名:为中华崛起而读书

例3:

正题名:牛虻

其他题名:The gadfly

例4:

正题名:李大钊

其他题名:[电视文献纪录片]

例5:

正题名:魔岭大战

其他题名:བདུད་གླིང་གཡུལ་འགྱེད།

3 责任者名称

名称:责任者名称

定义:对资源内容负有知识责任的责任人或团体。

著录内容:著录资源内容的主要责任者或对资源内容做出贡献的其他实体。

注释:

(1)责任者名称一般为个人或团体的名称。

(2)应按资源上的原样客观著录。如责任者名称有误,应在附注项说明。

(3)责任者的朝代或国家可著录于责任者名称之前,用"()"括起。朝代名和国家名推荐使用《中国文献编目规则(第二版)》附录2与附录4中的规范简称。责任者的另一文种(或语种)名称可著录于责任者名称之后,用"()"括起(例1)。

(4)同种责任方式的多个责任者名称中间以半角分号分隔。不同责任方式的多个责任者需重复本字段(例2)。

(5)重要的或有利于识别责任者的信息可著录于附注项。如:与资源中出现的责任者名称不同的通用名称、责任者的曾用名等(例3)。

(6)无总题名文献一般有两种类型:相同作者的作品合订,不同作者的作品合订。不同作者的著录应与多种作品的题名著录的顺序相同(例4)。

(7)责任者应对资源内容负有知识责任,实体文献数字化制作者不能作为责任者著录。

(8)照片的责任者一般为拍摄者。书画的责任者一般为书写者、绘画者。拓片的责任者一般为撰文者、书篆者、镌刻者。

(9)连续出版物的责任者一般为团体。

规范文档:无

必备性:有则必备

著录范例:

例1:

责任者名称:(美)莱昂纳多·迪卡普里奥(Leonardo Dicaprio)

例2:

责任者名称1:(法)法布尔

责任方式 1:著

责任者名称 2:浦漫汀;曹文轩

责任方式 2:译

例 3:

责任者名称:谢婉莹

附注:笔名冰心

例 4:

正题名:千家诗;古诗源

责任者名称 1:郭明志

责任方式 1:译注

责任者名称 2:孟庆祥;孟繁红;孟繁翠

责任方式 2:译注

(注:《千家诗》由郭明志译注,《古诗源》由孟庆祥;孟繁红;孟繁翠译注)

4 责任方式

名称:责任方式

定义:责任者与资源之间的责任关系。

著录内容:著录责任者对资源内容做出贡献的方式。

注释:

(1)按资源上的原样客观著录。

(2)责任者名称与责任方式应一一对应(例 1)。

(3)若资源上无责任方式,如编目员能够确定正确的责任方式,可进行补充。如编目员无法确定正确的责任方式,可不著。

(4)编目员自拟的责任方式应使用意义明确、统一规范的词组。图书类常用的责任方式有:著、主编、编著、编、撰稿、编纂、译、编译、改编、汇编、插图、注释、校、口述、起草、整理等;古籍类常用的责任方式有:撰、编、辑等;方志类可著录“纂修”;美术类可著录“绘”;照片类可著录“摄”;书法类可著录“书”;印谱类可著录“刻”;数据库类可著录“制作”(例2—10)。

(5)著录不同责任方式,一般不超过四种,其余可在附注项说明。

(6)同一责任者有两种责任方式时,应以半角分号分隔。

规范文档:无

必备性:有则必备

著录范例:

例1:

责任者名称1:(美)盖伊·来弗朗索瓦兹(Guy R. Lerfrancois)

责任方式1:著

责任者名称2:佐斌

责任方式2:译

例2:

正题名:巴西中国俗语谚语对照词汇

责任者名称:林长朝;李妙娜

责任方式:编译

例3:

正题名:宋词新诗相对论

责任者名称:于人瑞

责任方式:著

例4:

正题名:绝妙好词

责任者名称:(宋)周密

责任方式:撰

例5:

正题名:江南通志

责任者名称:(清)王新命;薛柱斗

责任方式:纂修

例 6：
正题名：百骏图
责任者名称：(意)郎世宁(Giuseppe Castiglione)
责任方式：绘
例 7：
正题名：冬季的哈尔滨
责任者名称：邓之诚
责任方式：摄
例 8：
正题名：神策军碑
责任者名称：柳公权
责任方式：书
例 9：
正题名：齐白石印举
责任者名称：齐白石
责任方式：刻
例 10：
正题名：前尘旧影
责任者名称：国家图书馆
责任方式：制作

5 分类法

名称：分类法
定义：资源分类时所采用的依据。
著录内容：著录描述资源主题内容的类号。
注释：包括中图分类法、四部分类法。
必备性：必备

5.1 中图分类法

名称:中图分类法

定义:描述资源内容的中图分类法类号。

著录内容:依据《中国图书馆分类法(第五版)》著录描述资源主题内容的类号。

注释:

(1)采用《中国图书馆分类法(第五版)》对除古籍外的资源进行分类。

(2)分类应对资源的内容进行认真分析,不能单凭题名进行标引。

(3)分类应具有专指性。能分入下位类时应分入下位类,专论性文献不能归入总论类,研究具体问题的不能归入阐述一般原理的类。

(4)如分类法中没有专指性的相对应的类号,可采用组配复分的技术原则对资源进行组配复分标引。一般方法为:将复分类号、仿分类号按规定组合在原类号之后,或者是使用组配复分的区分符号,将复分、仿分类号组合在原类号之后。区分符号主要有以下几种,总论复分区分号:短横 -;国家地区区分号:圆括号();时代区分号:等号 =;民族区分号:双引号“”;通用时间、地点区分号:尖括号 < >;组配复分号:冒号:(例1—2)。

(5)在分类法中没有专指类可归入,又无法进行组配复分表达,或没有设置“其他”性质的类目可归入时,可以归入最直接的上位类目。

(6)分类标引应注意客观性,分类号需客观反映资源的主题内容,不应受编目员主观理解的影响。

(7)分类应具有完整性。对于交叉学科,或是资源的内容涉及多个分类时,应予以充分揭示(例3)。

(8)应用关系型主题,一般依应用到的主题的学科属性归类(例4)。影响关系型主题,一般依受影响的主题的学科属性归类(例5)。比较关系型主题,一般依作者所要说明的主体对象的学科属性归类(例6)。论述的某一事物或学科应用到多个学科领域的资源,一般应归入该事物或学科本身所属的类目。分别从不同学科来研究同一主题的资源,一般依研究它的学科归类。

(9)连续性资源内容广泛,因此,分类宜粗不宜细(例7)。

(10)标引时应明确著录对象。由于著录对象为数字资源,因此,对非书资料(指除了印刷品以外的知识载体,包括录音制品、缩微制品、电影制品、录像制品、图形制品、投影制品、实物制品以及配套资料等)进行著录时,不再对数字资源转化前的原始形态属性进行复分。

(11)对于内容相同或相近的资源应保持分类标引的一致性。

(12)多个分类号中间以半角分号分隔。

(13)来自同一资源库的资源应根据具体著录对象的具体内容进行标引,不能按资源库进行标引。

限定:分类法

规范文档:《中国图书馆分类法(第五版)》

必备性:非古籍必备

著录范例:

例1:

正题名:实用家庭保健丛书

中图分类法:R161-51

例2:

正题名:南充地方志蚕丝资料汇编

中图分类法:Z88:F326.377.13

例3:

正题名:呼伦贝尔民族文物考古大系,鄂伦春自治旗卷

中图分类法:K872.263.2;K872.264.2

例4:

正题名:混沌同步控制方法及在保密通信中的应用

中图分类法:TN918.6

例 5：

正题名：贸易自由化对中国园艺产业的影响

中图分类法：F326.13

例 6：

正题名：中西文化交流史

中图分类法：K203

例 7：

正题名：读者文摘

中图分类法：I2

5.2　四部分类法

名称：四部分类

定义：描述资源内容的四部分类法类号。

著录内容：著录描述古籍类资源主题内容的四部分类法类号。

注释：

(1)古籍类资源著录此项。

(2)推荐使用《中华古籍总目分类表》。

(3)已收入《四库全书总目》《中国古籍善本总目》《中华古籍总目》的古籍文献，应保持分类的一致性。

(4)分类应具有专指性。能分入下位类时应分入下位类。

(5)著录时需完整著录本标引类号的上位类，格式为：×部/×类/×属。

限定：分类法

规范文档：中华古籍总目分类表

必备性：古籍必备

著录范例：

例：

正题名：战国策

四部分类法：史部/杂史类/通代之属

6　主题词或关键词

名称:主题词或关键词

定义:描述资源主题内容的受控或非受控的词汇。

著录内容:依据《中国分类主题词表》著录描述资源主题内容的受控词汇,或著录非受控的关键词。

注释:

(1)主题词是指从自然语言中优选出来并经过规范化的、表达各种概念的语词。关键词是指未收录在主题词表中的、未经规范化处理的自然语言词。著录本项是分析文献主题、利用主题词或关键词赋予文献主题检索标识的过程(例1—2)。

(2)构成主题的主题因素包括五个方面:主体因素(研究对象等中心主题概念)、方面因素或限定因素[成分、材料、方法、过程、条件、状态、尺度、性质等对主体因素研究方面(角度)的说明或限定因素]、空间因素、时间因素、文献类型。在标引主题词或关键词时应从上述五方面因素对资源中的主题概念进行全面分析与准确选择。

(3)标引时应客观地分析出资源所实际具有的主题,不掺杂编目员的主观意向。

(4)应对资源的内容进行认真分析,不能单凭题名进行标引,要全面概括资源的内容。

(5)标引的主题词或关键词应具有检索意义。

(6)对内容相同或相近的资源应保持主题词或关键词选取的一致性。

(7)使用自由词标引时,应选择比较成熟、稳定、具有生命力的主题概念。当一个词汇有多种说法时,应以常用、惯用、通用为原则进行选择,并尽量保持规范、一致。

(8)使用规范主题词标引时,书写形式要与词表中的书写形式一致。

(9)使用主题词标引时,应选取词表中与资源的主题概念相对应的最专指的主题词进行标引,而不得以该词的上位词或下位词进行标引。当词表中没有最专指的主题词时,也无法以词表中最接近、最直接关联的主题词进行组配标引时,可以选用上位主题词进行标引。

(10)使用主题词标引时,词汇应具有最小粒度的语义。为达到最小粒度,需要对要标引的主题内容进行概念分解,将一个复合概念分解成相应的基本概念,这种分解不能是简单的字面拆分。如,控制集成电路应拆分为"控制电路"和"集成电路"。

(11)多个主题词或关键词间以半角分号分隔。

(12)来自同一资源库的资源应根据具体著录对象的内容进行标引,不能按资源库的内容进行标引。

(13)一般标引的主题词或关键词不超过10个。

规范文档:中国分类主题词表

必备性:必备

著录范例:

例1:

正题名:瓯南朱氏通志

主题词或关键词:家族;温州;史料

(注:标引的主题词取自中国分类主题词表)

例2:

正题名:鄞县通志人物编

主题词或关键词:地方志;县志;人物志;浙江;鄞县;民国

(注:以关键词进行标引)

7 摘要

名称:摘要

定义:资源内容的概括性描述。

著录内容:用自由行文的形式简要描述资源的内容。

注释:

(1)摘要是对资源内容进行主观的概括总结。编写要求:完整、统一、准确;须客观反映文献的主题,不因主观意愿而有偏重、遗漏或曲解,力求做到对著作者意图的真实再现;在内容上应关注资源所要记述的重点内容,在文字上要求准确表达、简明扼要、结构严谨、文理通顺、逻辑性强等。

(2)摘要不少于100字。但字数也不能过多,应对资源的主要内容进行简练的概括。

(3)摘要的编写以资源的正文为依据,可参考资源的摘要、目次、前言、后记等,必要时可查阅有关工具书、参考书、研究资料等。切忌守全照搬原文。

(4)不同类型资源摘要的内容应有所侧重。如,图书资源主要侧重介绍图书的内容(例1);照片资源除内容外,还可介绍照片拍摄的一些背景资料;连续性资源除内容外,还可介绍连续性资源的发展沿革(例2)。

(5)古籍文献的摘要可包括以下内容:解释题意、揭示内容特点及主题思想;介绍古籍的编写体例、写作特色;概述知名著者的生平简介;评介古籍内容、学术价值、艺术价值、社会影响等;阐述古籍的版本、流传演变,等等。

(6)拓片的摘要可包括以下内容:拓片的文字或图像内容介绍,拓片的传拓、收藏情况,金石产生与刻立的日期、地点,金石的出土地点、收藏地点,拓片文字的字体、书刻特征、原器物铭文行款、字数等。

规范文档:无

必备性:必备

著录范例:

例 1:

正题名:耶路撒冷三千年

摘要:本书依年代顺序,讲述了耶路撒冷的故事。作者通过田野调查和文献考据,以客观、中立的角度,透过士兵与先知、诗人与国王、农民与音乐家的生活,以及创造耶路撒冷的家族来呈现这座城市的三千年瑰丽历史,还原真实的耶路撒冷。

例 2:

正题名:五洲时事汇报

摘要:1899 年 9 月(光绪二十五年八月)创刊,在上海出版。半月刊。原题:“本馆社主日本佐原笃介,支配人中国沈士孙,馆设苏报馆内。”同年停刊。主要报道中外大事新闻,设论说、谕折章程、五洲近事、文编等栏目,以“五洲近事”栏篇幅最多,该栏分为亚洲、欧洲、美洲、非洲、澳洲,各洲又分载各国时事新闻,是比较全面的新闻刊物。

8　目录

名称:目录

定义:组成资源的所有单元的列表。

著录内容:著录资源的组成部分,包括章节、文档、图形、样式表等。

注释:

(1)著录目录的原则为客观著录,力求反映资源的原貌,不论其是否缺失。

(2)宜采用 ISBD 的著录标识符。如有责任者信息,也应照实著录。

(3)多个目录之间以半角分号分隔。

(4)如果目录信息没有实际内容,不著录本项。

规范文档:无

必备性:有则必备

著录范例:

例:

正题名:二十四史,第一卷.史记　汉书　后汉书　三国志

目录:史记/(汉)司马迁撰;汉书/(东汉)班固撰;后汉书/(宋)范晔撰;三国志/(晋)陈寿撰

9　图像

名称:图像

定义:数据库的首页截图。

著录内容:著录数据库首页截图的名称,需将图片导入系统中保存。

注释:

(1)数据库类型的资源著录本项。

(2)著录的应是数据库正式发布后的页面截图,而不是后台的页面。

(3)图像格式为 JPG,大小在 800×600 到 1024×768 之间。

规范文档:无

必备性:数据库必备

著录范例:

例:

正题名:民国法律

图像：

10　附注

名称：附注

定义：关于资源内容的其他说明。

著录内容：凡对其他著录项有必要进一步补充说明的内容，均可著录于此。

注释：

(1)著录内容包括:在其他著录项中无法全部著录的信息(例1);连续性资源题名等各种信息的变更情况(例2);责任者介绍(例3);著录对象中出现的错误说明(例4)等。

(2)如为自拟文字,应简洁通顺、语义明确。如有需要,可在要著录的内容前使用规范导语,对著录内容进行说明。

(3)多个附注之间以半角分号分隔(例5)。

规范文档:无

必备性:有则必备

著录范例:

例1:

附注:题名页原题编著者:李笑梅、张俊发、寇应展、陈致明

例2:

附注:1990,V. 10,no. 4 起,并列题名改为:Library research

例3:

附注:冰心(女,1900—1999),散文家、小说家、诗人、儿童文学作家,曾任中国作协理事、中国文联副主席。原名谢婉莹。福建闽侯人。著有《冰心著作集》《冰心散文集》等。

例4:

附注:盛德峰, 题名页误题:盛德生

例5:

附注:定价:21 元;获得方式:捐赠

11 出版者名称

名称:出版者名称

定义:使资源可以获得和利用的责任实体。

著录内容:著录资源的出版者或颁布者的名称。

注释:

(1)通过数字化形式获得的再生数字资源应著录其实体文献的出版者(例1),原生数字资源可以著录其颁布者(例2)。

(2)数字制作单位不能著录在此项。

(3)规定信息源所载出版者有误时,应客观著录,并在附注项说明(例3)。

(4)多个出版者重复本字段(例4)。

(5)对于古籍资源来说,著录稿本时,出版者为著作者;著录写本时,出版者为缮写主持者;著录抄本时,出版者为抄书者;著录刻本、印本时,出版者为刻印书主持者(例5)。

规范文档:无

必备性:有则必备

著录范例:

例1:

正题名:世界人口状况

出版者名称:大东书局

例2:

正题名:前尘旧影

出版者名称:国家图书馆

例3:

出版者名称:云南人民出版社

附注:版权页出版者题为云南美术出版社

例4:

出版者名称:华夏出版社

出版者名称:商务印书馆

例5:

正题名:新安左田黄氏正宗譜派系

出版者名称:黄積瑜

12　出版地

名称:出版地

定义:资源出版者的所在地。

著录内容:著录出版者的所在地。

注释:

(1)一般著录到城市,如不能确定城市,也可用其所在的省份或国家(例1—2)。

(2)出版地与出版者应一一对应(例3)。如信息源中无出版地信息且无法推测或考评,应进行说明(例4)。

(3)同一出版者有多个出版地时,中间用半角分号分隔(例5)。

(4)地名后应著录"省"或"市"等(例6)。

规范文档:无

必备性:有则必备

著录范例:

例1:

出版地:北京市

例2:

出版地:吉林省

例3:

出版者名称1:商务印书馆

出版地1:北京市

出版者名称2:上海人民美术出版社

出版地2:上海市

例4:

出版地:[出版地不详]

例5：

出版地:北京市;上海市

例6：

出版地:吉林市

13　开始日期

名称:开始日期

定义:连续性资源最早一期的正式出版日期。

著录内容:著录连续性资源最早一期的出版日期。

注释:

(1)连续性资源类型著录本项。

(2)一律用阿拉伯数字著录,格式应符合 ISO 8601[W3CDTF]规范。表达方式包括:YYYY(eg 1997)、YYYY - MM(eg 1997 - 07)、YYYY - MM - DD(eg 1997 - 07 - 16)等。

(3)开始日期是连续性资源出版情况的客观反映,与编目机构的数字化情况或收藏情况无关。

(4)根据编目机构所藏某一册著录时,应在附注项进行说明。

(5)非公元纪年应如实著录,其后再著录公元纪年,并用“[ ]”括起(例1)。

(6)如开始日期为编目员推测的日期,应在日期后加问号,并用“[ ]”括起(例2)。

规范文档:W3CDTF

必备性:有则必备

著录范例:

例1：

开始日期:民国十五年[1926]

例2：

开始日期：[1926?]

14 终止日期

名称：终止日期

定义：连续性资源最末一期的正式出版日期。

著录内容：著录连续性资源结束出版的日期。

注释：

(1)连续性资源类型的资源著录本项。

(2)一律用阿拉伯数字著录，格式应符合 ISO 8601[W3CDTF]规范。表达方式包括：YYYY(eg 1997)、YYYY - MM(eg 1997 - 07)、YYYY - MM - DD(eg 1997 - 07 - 16)等。

(3)终止日期是连续性资源出版情况的客观反映，与编目机构的数字化情况或收藏情况无关。

(4)若连续性资源仍在出版，不著录本项。

(5)非公元纪年应如实著录，其后再著录公元纪年，并用“[ ]”括起(例1)。

(6)如终止日期为编目员推测的日期，应在日期后加问号，并用“[ ]”括起(例2)。

规范文档：W3CDTF

必备性：有则必备

著录范例：

例1：

终止日期：民国二十年[1931]

例2：

终止日期：[192 - ?]

15 出版日期

名称:出版日期

定义:资源的出版日期。

著录内容:著录资源的出版日期。

注释:

(1)通过数字化形式获得的再生数字资源应著录其实体文献的出版日期。

(2)一律用阿拉伯数字著录,格式应符合 ISO 8601[W3CDTF]规范。表达方式包括:YYYY(eg 1997)、YYYY - MM(eg 1997 - 07)、YYYY - MM - DD(eg 1997 - 07 - 16)等。

(3)如以成套的图书为著录对象,当出版日期为一个时间段时,可以用起讫日期表示,起始日期和结束日期之间用"/"分隔(例 1—2)。

(4)非公元纪年应如实著录,其后再著录公元纪年,并用"[ ]"括起。

(5)如规定信息源未载明日期,编目员推测出日期,应在日期后加问号,并用"[ ]"括起。

(6)规定信息源所载出版年有误,应客观著录,并在附注项说明(例 3)。

(7)连续性资源不著录本项。

规范文档:W3CDTF

必备性:有则必备

著录范例:

例 1:

出版日期:1981/1982

(注:共四册,两年内出齐)

例 2:

出版日期:1982/

(注:1982 年首次出版,尚未出齐)

例 3:

出版日期:1983

附注:资源所载出版日期有误,正确出版日期为:1988

16 创建日期

名称:创建日期

定义:资源的创建日期。

著录内容:著录资源的创建或制作日期。

注释:

(1)著录原生数字资源的创建日期及再生数字资源原件的制作日期,如,数码照片的拍摄日期、绘画的创作日期、拓片的传拓日期。数字制作日期不著录在此项。

(2)一律用阿拉伯数字著录,格式应符合 ISO 8601[W3CDTF]规范。表达方式包括:YYYY(eg 1997)、YYYY - MM(eg 1997 - 07)、YYYY - MM - DD(eg 1997 - 07 - 16)等。

(3)非公元纪年应如实著录,其后再著录公元纪年,并用“[]”括起。

(4)连续性资源不著录本项。

(5)如创建日期为编目员推测的日期,应在日期后加问号,并用“[]”括起。

规范文档:W3CDTF

必备性:有则必备

17　发布日期

名称:发布日期

定义:资源的发布日期。

著录内容:著录发布资源的日期。

注释:

(1)著录数字资源的发布日期。

(2)发布日期与发布地址具有相关性,即其中“发布”的语义是指同一次发布。

(3)一律用阿拉伯数字著录,格式应符合 ISO 8601[W3CDTF]规范。表达方式包括:YYYY(eg 1997)、YYYY - MM(eg 1997 - 07)、YYYY - MM - DD(eg 1997 - 07 - 16)等。

(4)非公元纪年应如实著录,其后再著录公元纪年,并用“[ ]”括起。

(5)如发布日期为编目员推测的日期,应在日期后加问号,并用“[ ]”括起。

规范文档:W3CDTF

必备性:有则必备

18　更新频率

名称:更新频率

定义:数据库等集成性资源的更新频率。

著录内容:著录数据库的更新频率。

注释:

(1)集成性资源是指通过更新进行增补或修改的资源,其更新部分不是离散的,而是集成到整体中的。数据库作为一种集成性资源,数据的更新是其重要的属性,应通过更新频率进行揭示。

(2)取值为:＊＊更新、停止更新、不定期更新、不详。

规范文档:无

必备性:数据库必备

著录范例:

例:

正题名:中国政府公开信息整合服务平台

更新频率:每天更新

19 内容形式

名称:内容形式

定义:表示资源内容的一种或多种基本形式。

著录内容:著录资源的内容形式词及内容限定词。取值依据国家标准:资源的内容形式和媒体类型标识。

注释:

(1)内容形式描述的是资源的内容,著录时应按照内容的形式,而不能按照资源的格式(例1)。

(2)对于一部分重要而其余部分被认为是附件的混合内容资源,针对其主要部分著录。对于无法区分资源主要部分的混合内容的著作,可著录多个内容形式词,多个词中间以半角分号分隔(例2)。

(3)三种或三种以上混合内容形式的资源可以选择"多种内容形式"著录(例3)。

(4)词表所列词语都不适用于资源时,著录为"其他内容形式"。

(5)应对相近的内容形式进行详细区别,以准确地揭示资源的内容。如,人类说话应著录为话语,而其他的声音应著录为声音(例4)。

(6)如果需要,内容形式可由内容限定来修饰。内容限定用于描述资源的类型、运动有无、维数和感觉性质。内容限定和内容形式在一起揭示资源的性质。如,以记谱型和表演型对内容形式“音乐”进行限定,以区分乐谱和录制音乐(例5—6)。

规范文档:GB/T 3469—2013　资源的内容形式和媒体类型标识

必备性:必备

著录范例:

例1:

正题名:丰子恺儿童漫画集

内容形式:图像(静态)

例2:

内容形式:图像(静态);文本

例3:

正题名:teacher's guide

内容形式:多种内容形式(多媒体)

(注:内含一本图书,一张CD-ROM,12张幻灯片,3盒录像带)

例4:

正题名:侯宝林相声作品集

内容形式:话语

例5:

正题名:梅花三弄:古琴独奏

内容形式:音乐(表演型)

(注:盒式录音带)

例6:

正题名:rebecca:an opera in three acts

内容形式:音乐(记谱型)

(注:声乐总谱)

20 媒体类型

名称:媒体类型

定义:用以承载资源内容的一种或多种载体的类型。

著录内容:著录资源的媒体类型。取值依据国家标准:资源的内容形式和媒体类型标识。

注释:

(1)媒体类型反映的是存储介质和封装载体的形式,结合播放、观看、运行等资源内容需要的中介设备类型。

(2)本项目的著录对象为数字资源,因此,缺省取值为“电子”,即计算机可用的资源。

规范文档:GB/T 3469—2013 资源的内容形式和媒体类型标识

必备性:必备

著录范例:

例:

正题名:老子

内容形式:文本

媒体类型:电子

21 学科类型

名称:学科类型

定义:数据库的学科分类。

著录内容:著录数据库的学科分类。取值依据《学科分类表》。

注释:

(1)数据库类型的资源著录此项。

（2）学科分类为两级分类，标引时，应遵守专指性的规则，能标引为二级类时不能标引为一级类。

（3）资源具有两个或两个以上分类时，多个分类从属于一个一级类，则归入该一级类，如从属于多个一级类，应分别标引，多个分类中间以半角分号分隔。

规范文档：学科分类表

必备性：数据库必备

著录范例：

例：

正题名：民国法律

学科类型：政治/法律

22　原始标识符

名称：原始标识符

定义：在原始数据库中给予资源的一个明确标识。

著录内容：著录资源在原始数据库中的唯一标识符。

注释：可通过该标识符在原始数据库中确认资源。一般采用字符串或数字代码的形式（例1—2）。

规范文档：无

必备性：有则必备

著录范例：

例1：原始标识符：031071110010102

（例子来源：山东省图书馆的“齐鲁文脉　百年珍藏”数据库，字段“资源代码”的值为031071110010102，著录在此处）

例2：原始标识符：011011104010001

（例子来源：安徽省图书馆的“《安徽馆藏文物》多媒体资源库”，字段“控制号”的值为011011104010001，著录在此处）

23 文件大小

名称:文件大小

定义:资源的存储容量。

著录内容:著录资源的存贮容量大小。

注释:

(1)除连续性资源、网页、数据库外的各类型资源应著录文件大小。

(2)文件大小的单位为KB、MB、GB等,统一使用大写英文字母著录。

(3)如果著录对象由若干个文件组成,应描述该资源所有文件的总大小。

规范文档:无

必备性:有则必备

著录范例:

例:

文件大小:105MB

24 时长

名称:时长

定义:时长是指播放音频、视频资源正式有效内容的实际时间长度。

著录内容:著录音频、视频持续的时间。

注释:

(1)音频、视频资源应著录时长。

(2)采用“HH:MM:SS”格式著录时长。“HH”为“时”,“MM”为“分”,“SS”为“秒”(例1)。

(3)如果著录对象由若干个音频或视频文件组成,应描述总的时长(例2)。

规范文档:无

必备性:音频、视频必备

著录范例:

例1:

正题名:大数据时代的国家数字图书馆建设

时长:00:46:53

例2:

正题名:唯美是求的戏曲艺术

时长:03:45:00

(注:《唯美是求的戏曲艺术》分上下两集,上集时长109分钟,下集时长116分钟)

25　文件格式

名称:文件格式

定义:资源的格式。

著录内容:著录资源的格式。

注释:

(1)文件格式需用英文大写字母著录(例1)。

(2)如果著录对象由若干个文件组成,应描述该资源所有文件的格式,中间以半角分号分隔(例2)。

(3)数据库不著录此项。

规范文档:无

必备性:非数据库必备

著录范例:

例 1:

文件格式:PDF

例 2:

文件格式:MP4;SRT

26 文件数量

名称:文件数量

定义:资源的数量。

著录内容:著录资源的数量。

注释:

(1)文件数量为 1 时,不著录,如果著录对象由若干个文件组成,著录此项。

(2)文件数量指的是数字资源的文件个数,通过数字化形式获得的再生数字资源应与其实体文献相区别。

(3)连续性资源、网页、数据库不著录此项。

规范文档:无

必备性:有则必备

著录范例:

例:

正题名:三国演义

页码:4 册(696 页)

文件数量:10

27　颜色

名称:颜色

定义:图像、视频的颜色特征。

著录内容:著录图像或视频的颜色。

注释:

(1)图像、视频类资源应著录颜色。

(2)颜色分为单色、黑白、彩色、灰度、混合等几种类型,单色应具体说明颜色。几种混合的情况著录为混合。

规范文档:无

必备性:图像、视频必备

著录范例:

例:

正题名:麒麟送子

颜色:彩色

28　分辨率

名称:分辨率

定义:反映显示器件、光学器件等的精细程度和分辨能力。

著录内容:著录图像、视频的分辨率。

注释:

(1)图像、视频类资源应著录分辨率。

(2)著录格式为:横向像素 × 纵向像素,乘号不能用“ * ”或“X”代替。

(3)常见的标准分辨率有 640 × 480、800 × 600、1024 × 768、1280 ×

768、1280×1024、1600×1200。根据在编资源的实际情况著录分辨率。

规范文档:无

必备性:图像、视频必备

著录范例:

例:

正题名:大秦灵渠

分辨率:1024×768

29 声音

名称:声音

定义:视频的声音特征。

著录内容:著录视频资源是否有声音。

注释:

(1)视频类资源应著录声音。

(2)声音取值一般为有声、无声。

规范文档:无

必备性:视频必备

著录范例:

例:

正题名:蝴蝶夫人

声音:有声

30 比特率

名称:比特率

定义:音频数据码流的每秒传输比特值。常用于衡量音频文件的质量。

著录内容:著录音频、视频的比特率。

注释:

(1)音频、视频类资源应著录比特率。

(2)比特率取值单位一般为 bit/s、Kbit/s、Mbit/s。

(3)根据在编资源的实际情况著录比特率。

规范文档:无

必备性:音频、视频必备

著录范例:

例:

正题名:格萨尔史诗

比特率:917.62 Kbit/s

31　运行环境

名称:运行环境

定义:数据库运行所必需的系统环境。

著录内容:著录数据库的运行环境。

注释:

(1)数据库应著录运行环境。

(2)运行环境著录的内容包括:硬件配置、操作系统名称、软件要求、外部设备等。

(3)多个著录内容之间以半角分号分隔。

规范文档:无

必备性:有则必备

著录范例:

例:

运行环境:本产品是本地镜像数据库,用户需下载客户端进行使用。

32 页码

名称:页码

定义:图书的标注页码或近似页码。

著录内容:著录图书的标注页码或近似页码。

注释:

(1)图书著录此项。著录内容为数量及数量单位,数量指图书的页数、卷(册)数等,用阿拉伯数字著录,数量单位选择合适的术语,如页、叶、张、幅、册等。

(2)页码一般包括正文页数及正文前后的其他页数。正文以外的内容如较为重要,且页数较多,可依顺序著录,中间用逗号分隔。否则,可只著录正文页数(例1)。

(3)多卷(册)图书综合著录时,页数连续编码者,先著录总册数,再著录总页数,并将总页数置于圆括号内(例2)。各分卷(册)单独编码时,在总册数后的圆括号内依次著录各册页数,中间用分号分隔(例3)。

(4)多卷(册)分散著录时,各卷(册)页数与其整套书连续编码者,著录其起讫页码,起讫页码之间使用连字符(例4)。

(5)图书未载明页数或页数编码过于复杂时,应统计全书页数著录,并置于方括号内,若难以统计,可著录为“1册”(例5)。

规范文档:无

必备性:图书必备

著录范例:

例1:

页码:155,376,19页

例2:

页码:3册(380页)

例 3:

页码:3 册(80;120;180 页)

例 4:

页码:196-345 页

例 5:

页码:1 册

33　文字语种

名称:文字语种

定义:描述资源知识内容的文字语种。

著录内容:著录资源的文字语种。

注释:

(1)除音频、视频外的资源类型有文字的均应著录文字语种。

(2)著录 3 位语种代码。

(3)著录主体内容的语种。摘要、目录、附件等的文字语种可不著录。

(4)一种以上语种时,应著录多个,以半角分号分隔。三种以上使用代码“mul”标识。

(5)常见语种代码包括:汉语 chi、英语 eng、法语 fre、德语 ger、俄语 rus、阿拉伯语 ara、日语 jpn、朝鲜语 kor、藏语 tib、蒙古语 mon、维吾尔语 uig、苗语 hmn、壮语 zha。

规范文档:《新版机读目录格式使用手册》附录 A

必备性:有则必备

著录范例:

例:

文字语种:mul

34 字幕语种

名称:字幕语种

定义:视频字幕的语种。

著录内容:著录视频的字幕语种。

注释:

(1)视频类型应著录字幕语种。

(2)著录3位语种代码。

(3)著录主体内容的语种。片头、片花、片尾、宣传片等的字幕语种可不著录。

(4)一种以上语种时,应著录多个,以半角分号分隔。三种以上使用代码“mul”标识。

规范文档:《新版机读目录格式使用手册》附录A

必备性:有则必备

著录范例:

例:

字幕语种:chi;eng

35 声道语种

名称:声道语种

定义:音频或视频资源的声音通道的语种。

著录内容:著录音频、视频资源的声道语种。

注释:

(1)音频、视频类型应著录声道语种,当数据库中包含音频或视频资源时也应著录声道语种。

(2)著录3位语种代码。

(3)著录主体内容的语种。个别片段中的声道语种可不著录。

(4)一种以上语种时,应著录多个,以半角分号分隔。三种以上使用代码“mul”标识。

规范文档:《新版机读目录格式使用手册》附录A

必备性:有则必备

著录范例:

例:

声道语种:chi;eng

36　丛编

名称:丛编

定义:汇集相互关联而又各自独立的一组资源。

著录内容:著录丛编的题名或标识。

注释:

(1)丛编是指一组相互关联而又各自独立的资源,每种资源除具有各自的题名外,还有一个整组资源的总题名。一套丛编在内容上或者围绕着一个中心,或彼此之间具有一定的内在联系,或者只具有某些形式上的共同特点而彼此并无内在联系,有的有一定的次序,有的没有一定次序,可以是一个人的著作,也可以是多人的著作。丛编是为适应各类型文献而采用的泛称,包括图书类型中的“丛书”(例1)、音频和视频类型中的“系列”(例2)等。应与多卷书区别,多卷书的题名不能著录在此项。多卷书是指同一著作分若干卷(册)出版的图书,“卷”是计算文献数量和内容的单位(例3)。多卷书也有一个总书名,虽分若干卷出版,但内容是一个完整的有机整体,各卷不能独立成书,这是和丛编最大的区别。

(2)主丛编题名与分丛编题名组成的丛编正题名按照共同题名与

从属题名组成的正题名的形式著录(例4)。结构形式为:

主丛编题名. 分丛编题名

主丛编题名. 分丛编题名标识, 分丛编题名

(3)一种资源属于多种丛编,可根据规定信息源顺序依次著录,其间以半角分号分隔(例5)。

规范文档:无

必备性:有则必备

著录范例:

例1:

正题名:宗教与民俗

丛编:中华文化通志

例2:

正题名:传统杨氏太极拳85式

丛编:太极名师系列

例3:

正题名:微积分简明教程. 第一卷

例4:

正题名:2003走出阴霾

丛编:新西域文库. 欧亚战略丛书

例5:

丛编:建水文化丛书;建水古今丛书

37 所属数据库

名称:所属数据库

定义:资源所属的数据库。

著录内容:著录信息所属数据库的名称。

注释:

（1）数据库是指已制作完成并发布的数据库，资源属于该数据库。

（2）著录信息源为数据库发布页面（例1）。

（3）如果数据库名称有变更，应将变更后的名称著录到本项，将先前的名称著录到附注项。

（4）如果以数据库为著录对象制作过元数据，本项著录的内容应与该条元数据的正题名相同（例2）。

规范文档：无

必备性：有则必备

著录范例：

例1：

正题名：劉君妻王氏墓誌

所属数据库：碑帖菁华

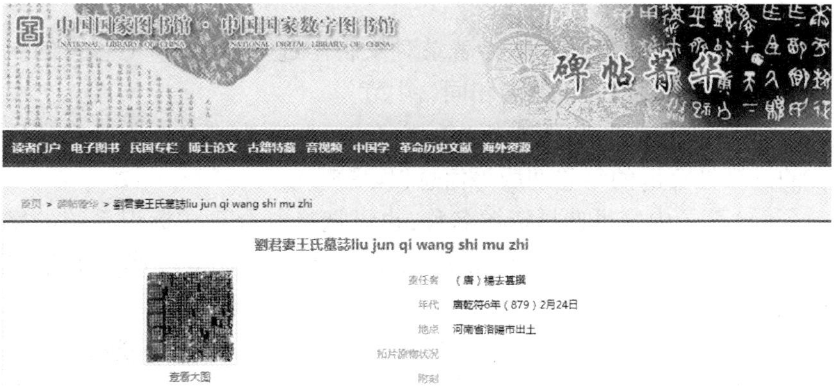

例2：

正题名：[繁忙的运河]

所属数据库：前尘旧影

（注：数据库元数据正题名：前尘旧影）

38　出自

名称:出自

定义:说明资源是另一资源的物理或逻辑组成部分。

著录内容:以资源的某部分作为著录对象时,著录该部分所出自的整体的名称或标识。

注释:

(1)以资源的某部分为著录对象时著录本项,主要包括下述情况:组图中析出的某一图片,多卷书中的一卷,图书中析出的图片、文章,连续性资源中析出的文章,音视频中析出的片段等,但不包括丛编、所属数据库(例1)。

(2)如果以资源的整体为著录对象制作过元数据,本项著录的内容应与该条元数据的正题名相同(例2)。

(3)著录连续性资源中析出的文章时,此项为必备。著录文章所在的连续性资源的年卷期版等信息(例3)。

(4)著录内容可选择资源名称,也可选择符合正式标识系统的字符串或者数字组合,该标识应是能在特定环境中确认资源的唯一标识。

(5)出自于多个资源时,可重复著录,其间以半角分号分隔。

规范文档:无

必备性:文章必备,其他类型有则必备

著录范例:

例1:

正题名:黛玉离魂

出自:周云瑞演唱集

(注:《周云瑞演唱集》是中国唱片上海公司出版的CD,黛玉离魂为第一个曲目)

例 2:

正题名:图书馆服务质量评价方法研究

出自:中国图书馆学会年会论文集.2009 年卷

(注:出自资源的元数据正题名为:中国图书馆学会年会论文集.2009 年卷)

例 3:

正题名:开放获取环境下图书馆服务转型研究

出自:图书馆工作与研究,2013,(11):34 - 36

39　相关资源

名称:相关资源

定义:与资源相关的其他资源。

著录内容:著录与资源相关的资源的名称或标识。

注释:

(1)用于揭示资源由版本、格式、出版等因素造成的不同资源间的关联关系,如合订、继承、替代、合并、其他版本、其他格式、相关作品。除著录相关资源的名称外,还应以前置导语的形式对关系的具体含义进行说明(例 1—2)。

(2)由于版本源流造成的古籍相关资源可在此进行说明。如,以某一版本的古籍为底本制作的抄本、刻本、影印本等(例 3)。

(3)与多个资源有相关关系时,可重复著录,其间以半角分号分隔。

(4)如果以相关资源为著录对象制作过元数据,本项著录的相关资源的名称应与该条元数据的正题名相同。

规范文档:无

必备性:有则必备

著录范例:

例 1：
正题名：文章辨体序说
相关资源：合订：文体明辨序说
（注：一种由两部作品合订而成、无共同题名的文献）
例 2：
正题名：宏观经济管理
相关资源：继承：中国计划管理
例 3：
正题名：墨子閒詁
相关资源：影印自：清宣統 2 年（1910）瑞安孫氏刻本

40 时间范围

名称：时间范围
定义：所描述资源知识内容的时间特征。
著录内容：著录资源内容涉及的时间特征。
注释：
（1）著录内容包括时代、日期、时间段（例 1）。
（2）宜采用受控词汇。
（3）著录公历时间间隔，可遵循“GB/T 7408—2005/ISO 8601：2000 数据元和交换格式　信息交换　日期和时间表示法”，用起讫日期表示，起始日期和结束日期之间用“/”分隔（例 2）。
（4）时间范围是对资源内容的揭示，应区别于创建日期、发布日期、出版日期等时间。
（5）多个时间范围之间以半角分号分隔（例 3）。
规范文档：DCMI Period，W3CDTF，年号纪年，公元纪年
必备性：有则必备
著录范例：

例 1：

时间范围:清康熙

例 2：

时间范围:1989/2000

例 3：

时间范围:1990/2000;2005/2015

41　空间范围

名称:空间范围

定义:所描述资源知识内容的空间特征。

著录内容:著录资源内容涉及的空间特征。

注释：

(1)著录内容包括地点、地理坐标。

(2)宜采用受控词汇。

(3)空间范围是对资源内容的揭示,应区别于出版地、收藏地、制作地等地点(例 1)。

(4)多个空间范围之间以半角分号分隔(例 2)。

规范文档:DCMI Point,ISO 3166

必备性:有则必备

著录范例：

例 1：

正题名:吉林市老照片

空间范围:吉林市

例 2：

正题名:关于浙赣地区日军细菌战的调查研究

空间范围:浙江省;江西省

42 版本

名称:版本

定义:资源的版本。

著录内容:著录资源的版本或版次信息以及其他附加说明。

注释:

(1)版本是指同一种文献因编辑、传抄、刻板及装订或制作形式的不同而产生的不同本子。

(2)数字一律用阿拉伯数字著录,省略“第”字,著录为“×版”,初版或第一版不予著录(例1)。

(3)图书的版本常见的有:修订版、增订版、缩印本、影印本等。

(4)古籍的版本常见的有:稿本、写本、抄本、刻本、活字本、石印本、铅印本、影印本、钤印本。

(5)拓片的版本包括以下几种类型:①因原刻(制)、翻刻(制)不同而产生的拓片类型;②因捶拓时间、技法、色拓不同而产生的不同拓片类型;③因影印方式不同而产生的不同的拓片影印品类型(例2)。

(6)连续性资源的版本是指内容实质相同或相似,且为满足不同地区、不同读者或不同时间段的需求所编制的出版物。类型主要有:①表示版本名称和(或)版次,如联合版;②地区版本,如海外版;③专业版本,如社会科学版;④特殊版式或外形,如盲文版;⑤文种版本,如朝鲜文版;⑥时间版本,如晚报版。

规范文档:无

必备性:有则必备

著录范例:

例1:

版本:2版

例 2：

版本：朱拓

43　访问方式

名称：访问方式

定义：资源在网络上获取服务的方式。

著录内容：著录资源在网络上获取服务的方式。

注释：

（1）取值为：互联网访问、局域网访问。

（2）如元数据为互联网访问，而对象数据为局域网访问，按照对象数据的访问方式著录。

规范文档：无

必备性：必备

著录范例：

例：

访问方式：互联网访问

44　访问范围

名称：访问范围

定义：资源在局域网获取服务的范围。

著录内容：著录资源在什么范围内的局域网能够访问。

注释：

（1）当访问方式为局域网访问时，需要著录本项，说明该局域网的位置。

（2）统一著录为“××局域网”。

规范文档:无

必备性:局域网访问必备

著录范例:

例:

访问方式:局域网访问

访问范围:国家图书馆局域网

45 发布地址

名称:发布地址

定义:资源在因特网或局域网的发布地址。

著录内容:著录资源发布的 URL 地址。

注释:

(1)著录本条资源发布的地址。

(2)发布地址出现变更,应及时维护。

规范文档:无

必备性:必备

著录范例:

例:

http://mylib.nlc.gov.cn/web/guest/search/beitiejinghua/medaDataDisplay?metaData.id=607457&metaData.lId=611938&IdLib=40283415347ed8bd013483503a050012

46 适用对象

名称:适用对象

定义:资源适宜使用的人群。

著录内容:著录资源的适用对象。

注释:

(1)取值为:普通用户、少年儿童、残障人士(例1)。

(2)著录的内容应为使用者,而不是资源内容所涉及的人群(例2—3)。

规范文档:无

必备性:必备

著录范例:

例1:

正题名:让孩子着迷的77×2个经典科学游戏

适用对象:少年儿童

例2:

正题名:中国儿童智力开发全书

版本:少儿注音彩图版

适用对象:少年儿童

例3:

正题名:婴幼儿智力开发小全书

摘要:本书主要讲述了0—3岁宝宝在生长发育各个阶段的成长与进步,内容涉及宝宝不同阶段的身体发育、运动能力发展、各种感觉能力的提高、语言能力发展、心理及智能发展等方面,还包括一些实用日常训练、科学培养方案等,可给父母或养育者提供对比和参考。

适用对象:普通用户

47　出版频率

名称:出版频率

定义:连续出版物出版的时间间隔。

著录内容:著录连续出版物的出版频率。

注释:

(1)连续出版物是指以前后相连的、独立的期或部分发行的连续性资源,通常具有编号,事先没有确定结束。按不同的频率出版是连续出版物的重要特征,应通过出版频率进行揭示。

(2)常用出版频率有:日刊或日报、×日刊、每周×次、每年×期、旬刊、季刊、半月刊、月刊、双月刊、半年刊、年刊。出版周期不固定的著录为不定期出版。

(3)出版频率与更新频率的区别在于:出版频率揭示连续出版物的出版间隔,更新频率揭示集成性资源的更新周期。

规范文档:无

必备性:连续性资源必备

著录范例:

例:

正题名:北京晚报

出版频率:日报

48 馆藏范围

名称:馆藏范围

定义:馆藏电子连续出版物的收录范围。

著录内容:著录电子连续出版物在本馆的收录范围。

注释:

(1)著录电子连续出版物在本馆的收藏情况。应与印刷型连续出版物的馆藏情况加以区别。

(2)如果某一时间段内的电子连续出版物不存在缺失的情况,则可著录开始的卷、期或年、月与结束的卷、期或年、月,中间以“至”字连接。如果中间存在缺失,则需分段著录,中间以半角分号分隔。

规范文档:无

必备性:连续性资源必备

著录范例:

例:

馆藏范围:1990 年第 1 期至 2004 年第 5 期;2005 年第 2 期至 2007 年第 1 期

49　标识符

名称:标识符

定义:在特定环境中,给予资源的一个明确标识。

著录内容:著录在特定的环境中确认资源的唯一标识。

注释:包括 ISSN、ISRC、ISBN、统一书号、CN、DOI、CDOI

必备性:有则必备

49.1　ISSN

名称:ISSN

定义:国际标准连续出版物号。

著录内容:著录在国际标准连续出版物编号中确认资源的唯一标识。

注释:

(1)国际标准连续出版物号亦称"国际标准刊号",是国际通行的连续出版物代码,由 8 位阿拉伯数字组成,前后 4 位数字之间以连字符分隔。ISSN 与识别题名一起唯一标识了一种特定的连续出版物或集成性资源。

(2)连续出版物中的一篇文章不能著录该连续出版物的 ISSN 号。

限定:标识符

规范文档:无

必备性:有则必备

著录范例:

例:

标识符(ISSN):1002-1248

49.2 ISRC

名称:ISRC

定义:国际标准音像制品编码。

著录内容:著录在国际标准音像制品编码中确认资源的唯一标识。

注释:

(1)国际标准音像制品编码是国际通行的音像制品编码,由5个数据段、12位字符组成。5个数据段分别为国家码、出版者码、录制年码、记录码和记录项码。各段之间用连字符分隔。每一个ISRC都是一特定音像制品的唯一和永久的标识号。

(2)从一个音像制品中析出的音频或视频片段不能著录该音像制品的ISRC号。

限定:标识符

规范文档:无

必备性:有则必备

著录范例:

例:

标识符(ISRC):CN-E04-15-00071

49.3 ISBN

名称:ISBN

定义:国际标准书号。

著录内容:著录在国际标准书号中确认资源的唯一标识。

注释:

(1)国际标准书号是国际通行的出版物代码。原由4个数据段、

10 位阿拉伯数字组成,4 个数据段分别为组号、出版者号、书名号和检验号,2007 年 1 月 1 日起,实行新版 ISBN,新版 ISBN 由 13 位数字组成,分为 5 段,即在原来的 10 位数字前加上 3 位 ENA(欧洲商品编号)图书产品代码“978”,各部分之间以连字符分隔。ISBN 标识特定出版社发行的一种作品的一个发行批次,它对于该发行批次是唯一的。

(2)从一本图书中析出的部分不能著录该图书的 ISBN 号。

限定:标识符

规范文档:无

必备性:有则必备

著录范例:

例:

标识符(ISBN):978-7-121-25244-0

49.4　统一书号

名称:统一书号

定义:统一书号。

著录内容:著录在统一书号中确认资源的唯一标识。

注释:

(1)统一书号由图书分类号、出版社代号和序号组成,在出版社代号与序号之间,加一个居中小圆点。自 1987 年 1 月 1 日起,中国标准书号取代全国统一书号。

(2)从一本图书中析出的部分不能著录该图书的统一书号。

限定:标识符

规范文档:无

必备性:有则必备

著录范例:

例:

标识符(统一书号):7201 · 85

49.5 CN

名称:CN

定义:国内统一刊号。

著录内容:著录在国内统一刊号中确认资源的唯一标识。

注释:

(1)国内统一刊号以 GB 2659—86 所规定的中国国别代码“CN”为识别标志,由报刊登记号和分类号两部分组成,两部分之间以斜线“/”分隔。报刊登记号为 6 位数字,由地区号(2 位数字)和序号(4 位数字)两部分组成,其间以连字符连接。

(2)连续出版物中的一篇文章不能著录该连续出版物的国内统一刊号。

限定:标识符

规范文档:无

必备性:有则必备

著录范例:

例:

标识符(CN):11-2711/G2

49.6 DOI

名称:DOI

定义:数字对象唯一标识符。

著录内容:著录在数字对象唯一标识符中确认资源的唯一标识。

注释:

(1)DOI 由前缀和后缀两部分组成,中间用“/”分割。前缀由两部分组成,一个是目录代码,所有 DOI 的目录都是“10.”,另一个是登记机构代码。后缀是一个在特定前缀下唯一的后缀,由登记机构分配并确保其唯一性,用于区分一个单独的数字资源。

(2)一个著录对象有多个文件时,DOI 可重复,其间用半角分号分隔。

限定:标识符

规范文档:无

必备性:有则必备

著录范例:

例:

标识符(DOI):10. 1007/978-1-4020-6901-7

49. 7　CDOI

名称:CDOI

定义:中国数字对象唯一标识符。

著录内容:著录在中国数字对象唯一标识符中确认资源的唯一标识。

注释:

(1)CDOI 名称用于标识国家图书馆的数字资源、物理资源、抽象资源(如作品、概念)、虚拟网络资源以及元数据资源。CDOI 由前缀和后缀两部分组成,中间用“/”分割。前缀由分级的子命名授权段组成,每个子命名授权段之间用字符“. ”分隔,后缀是本地命名授权,在同一前缀命名空间下,后缀名应是唯一的。

(2)在任何时候当需要将一个对象作为一个被识别的实体时,可给这个资源对象分配一个 CDOI 名称。

(3)CDOI 能分配给任何类型、格式、载体的对象。

(4)CDOI 名称能在任意的粒度或抽象层次上分配。可以给作品,作品的一个特定版本,这一版本中的任何部分,以及每个特定的载体实现,或者是注册者认为合适的任何其他的粒度独立分配 CDOI 名称。

(5)资源发布地址有变更时,需对 CDOI 进行维护。

限定:标识符

规范文档:无

必备性:必备

著录范例：

例：

标识符(CDOI)：108.ndlc.39.4200009031010001/T5F14.0000003433

50 其他字段

名称：其他字段

定义：除标准中已有的著录项外的其他字段。

著录内容：著录任何无法著录进已有的著录项外的任何需要描述的内容。

注释：

(1)著录时可自由行文，尽可能采用固定导语和规范用语。

(2)用半角冒号分隔前置导语与著录内容。

(3)多个著录内容间用半角分号分隔。

规范文档：无

必备性：有则必备

著录范例：

例：

其他字段：拓片保存形式:剪裱本;装具:楠木匣 4 隻,刻張伯英題字;文物級別:三級拓本(2009 年 5 月國家圖書館定級),拓片罕見

附录1　多层次著录

多层次著录是一种书目著录方法,它将著录信息分为两个或更多的层次。第一层包含整个资源或主要资源所共同的信息。第二层或后续各层包含与各个部分相关的信息。如果需要多个层次,此过程可以重复多个层次。

1.1　著录原则

对于多部分资源,一般可自由选择综合著录或分散著录。在选择时可考虑以下几方面因素:

(1)元数据功能

以实现描述与汇集功能为主要原则。当需要对其中某部分资源进行详细描述时,可采用分散著录的方法,如需要强调多部分资源的整体性时,可采用综合著录的方法。

(2)多部分资源中各部分间的关系

多部分资源中的各部分如没有主次之分,可选择综合著录或分散著录。

如以某一部分为主,其他部分为辅,以综合著录为宜。

(3)馆藏资源利用的需要及用户的需求

编目应以用户便利性为首要原则,著录方法的选择应考虑资源的受众。

1.2　著录方法

(1)丛编的著录

可以选择是否为丛编单独制作元数据。如制作元数据,可将其各组成部分的题名著录在“目录”。

为丛编中独立的一个文献制作元数据时,著录方式为:该文献的题名著录在“正题名”,丛编题名著录在“丛编”。

(2)多卷书的著录

应为多卷书制作单独的元数据。著录时,可将其各组成部分的题名著录在“目录”。

为多卷书中的一卷(册)制作元数据时,著录方式为:该卷(册)的题名著录在“正题名”,多卷书题名著录在“出自”。

(3)无总题名文献的著录

应为无总题名文献制作单独的元数据。著录时,按规定信息源上的顺序将各个作品的题名逐个著录在“正题名”。

为其中一部作品制作元数据时,著录方式为:该作品的题名著录在“正题名”,在“相关资源”说明合订情况。

(4)单篇作品分析著录

用于汇编文献、连续出版物中某一单篇作品的著录。

应为汇编文献或连续出版物制作单独的元数据。

为单篇作品制作元数据时,著录方式为:单篇作品的题名著录在“正题名”,汇编文献或连续出版物的题名著录在“出自”。

为某一个部分创建一条单层次的元数据,还可以通过以共同题名和部分题名共同组成正题名的方式表现整体和该部分之间的关系,但相比较来说,这种方式的汇集功能稍弱,不利于元数据整合与服务效果实现。

附录2　从CNMARC格式元数据段到本规范的映射

2.1　映射原则

（1）用户便利性。对元数据进行互操作的目的是让用户可以在异构资源中更加准确、便利地发现所需的信息资源，因此，元数据互操作的首要原则应是用户便利性原则，即书目功能的首要原则。

（2）规范性。元数据互操作应遵循合理性、规范性的原则，避免主观随意性。

（3）损失最小化。元数据互操作的目的是通过元数据的汇集、交换等实现元数据的功能强化，因此，在对元数据进行映射时应求同存异，不应为了实现映射而牺牲元数据格式的固有特点。以保留源元数据的原貌为原则，尽量保持源元数据的信息完整性，关注其语义的真正内涵，避免出现信息的丢失与错误。

（4）人工干预。即使设定了通用的映射表、映射规则，元数据的映射也不可能完全由软件完成，图书馆员在元数据转换过程中应对映射规则的具体应用进行调整。

2.2　映射表

CNMARC字段	本规范术语	备注
010@a	标识符（ISBN）	
011@a	标识符（ISSN）	
016@a	标识符（ISRC）	
091@a	标识符（统一书号），标识符（CN）	
100@a字符位置9－12	开始日期	如文献为连续出版物

续表

CNMARC 字段	本规范术语	备注
100@a 字符位置 13－16	终止日期	如文献为已停止出版的连续出版物
101@a	文字语种，声道语种	
101@j	字幕语种	
110@a 字符位置 1	出版频率	
115@a 字符位置 4,116@a 字符位置 3,117@a 字符位置 8,120@a 字符位置 0,135@a 字符位置 2	颜色	
115@a 字符位置 5,135@a 字符位置 4	声音	
127	时长	
191@a 字符位置 2,字符位置 3－5	金石类型	
200@a@h@i@v,200@c	正题名	
200@d(或 510),200@e	其他题名	
205@a@b	版本	
210@a	出版地	
210@c	出版者名称	
210@d	出版日期	
215@a	页码	如文献为图书
225@a@e@h@i@v	丛编	
327	目录	
330	摘要	

续表

CNMARC 字段	本规范术语	备注
333	适用对象	需转换为本规则中要求的取值
337	运行环境	
300,301,302,303,304,305,306,307,308,310,311,312(或 512,513,514,515,516),313,314,315,316,317,318,320,321,322,323,324,325,326,328,332,334,336,345,393,540,541	附注	
520(或 430,431,432,433,434,435,436,437),440,441,442,443,444,445,446,447,448,451,452,453,454,455,456,470,488	相关资源	按字段名称生成前置规范导语
600@a@x,601@a@x,602@a@x,605@a@x,606@a@x,607@a@x,608@a@x,610@a,616@a@x	主题词或关键词	
690@a	中图分类法	
696@a	四部分类法	当@2 标明采用的为四部分类法时
600@z,601@z,602@z,605@z,606@z,607@z,608@z,616@z,661@a	时间范围	使用 661@a 时,需由年代范围代码转换为文字
600@y,601@y,602@y,605@y,606@y,607@a,608@y,616@y,660@a	空间范围	使用 660@a 时,需由地区代码转换为文字

续表

CNMARC 字段	本规范术语	备注
700@c@a@b,701@c@a@b,702@c@a@b,710@c@a@b,711@c@a@b,712@c@a@b,720@c@a@b,721@c@a@b,722@c@a@b	责任者名称	如本馆在 7 – 字段对责任者进行规范控制,则需结合 200@f@g 的著录内容遵照客观著录的原则进行著录
700@4,701@4,702@4,710@4,711@4,712@4,720@4,721@4,722@4	责任方式	
856@u	发布地址	

附录3 四部分类法

经部
- 丛编
- 易类
  - 正文之属
  - 传说之属
  - 图说之属
  - 分篇之属
  - 专著之属
  - 易例之属
  - 易占之属
  - 文字音义之属
  - 古易之属
- 书类
  - 正文之属
  - 传说之属
  - 分篇之属
  - 专著之属
  - 书序之属
  - 文字音义之属
  - 逸书之属
- 诗类
  - 正文之属
  - 传说之属
  - 分篇之属
  - 专著之属
  - 诗序之属
  - 诗谱之属
  - 文字音义之属
  - 逸诗之属
  - 三家诗之属
- 周礼类
  - 正文之属
  - 传说之属
  - 分篇之属
  - 专著之属
  - 文字音义之属
- 仪礼类
  - 正文之属
  - 传说之属
  - 图说之属
  - 分篇之属
  - 专著之属
  - 文字音义之属
  - 逸礼之属
- 礼记类
  - 正文之属
  - 传说之属
  - 分篇之属
  - 专著之属
  - 文字音义之属

大戴礼记类
　正文之属
　传说之属
　分篇之属
三礼总义类
　通论之属
　名物制度之属
　图说之属
　通礼杂礼之属
　目录之属
乐类
　乐理之属
　律吕之属
春秋左传类
　正文之属
　传说之属
　专著之属
　释例之属
　文字音义之属
春秋公羊传类
　正文之属
　传说之属
　专著之属
　文字音义之属
春秋谷梁传类
　正文之属
　传说之属
　专著之属
　文字音义之属
春秋总义类
　正文之属
　传说之属
　专著之属
　文字音义之属
孝经类
　正文之属
　传说之属
　专著之属
　文字音义之属
四书类
　大学之属
　　正文
　　传说
　中庸之属
　　正文
　　传说
　论语之属
　　正文
　　传说
　　专著
　　文字音义
　　古齐鲁论
　孟子之属
　　正文
　　传说
　　专著
　　文字音义
　总义之属

传说
专著
文字音义
群经总义类
石经之属
通考
专考
传说之属
图说之属
授受源流之属
文字音义之属
小学类
文字之属
说文
传说
专著
字书
通论
古文
字典
字体
训蒙
音韵之属
韵书
古今韵说
等韵
注音
训诂之属
尔雅
群雅
字诂
方言
译语
谶纬类
河图之属
洛书之属
谶之属
易纬之属
书纬之属
诗纬之属
礼纬之属
乐纬之属
春秋纬之属
孝经纬之属
论语纬之属
总义之属
史部
丛编
纪传类
正史之属
别史之属
编年类
通代之属
断代之属
纪事本末类
通代之属
断代之属
杂史类

通代之属
断代之属
外纪之属
载记类
史表类
通代之属
断代之属
史抄类
史评类
史学之属
史论之属
考订之属
咏史之属
传记类
总传之属
通代
断代
郡邑
家乘
姓名
人表
仕宦
儒林
文苑
技艺
忠孝
隐逸
列女
释道
别传之属
事状
墓志
年谱
日记之属
杂传之属
科举录之属
总录
历科登科录
历科乡试录
诸贡录
武试录
职官录之属
总录
历朝
政书类
通制之属
仪制之属
通礼
典礼
杂礼
专志
纪元
谥法
讳法
科举校规
邦计之属
通纪
营田

赋税
贸易
俸饷
漕运
盐法
钱币
户政
地政
荒政
衡制
邦交之属
军政之属
兵制
马政
保甲
团练
边政
律令之属
刑制
律例
治狱
判牍
法验
考工之属
营造
杂志
掌故琐记之属
公牍档册之属
职官类
官制之属
通志
专志
官箴之属
诏令奏议类
诏令之属
奏议之属
时令类
地理类
总志之属
通代
断代
方志之属
通志
郡县志
专志之属
古迹
宫殿
寺观
祠墓
园林
书院
杂志之属
水利之属
山川之属
合志
山志
水志
游记之属

纪胜
纪行
防务之属
海防
江防
陆防
外纪之属
舆图之属
坤舆
全国
郡县
山图
水图
道里
军事
园林
宫殿
陵寝
金石类
总志之属
目录
图像
文字
通考
题跋
杂著
金之属
目录
图像
文字
通考
题跋
杂著
钱币之属
图像
文字
杂著
玺印之属
目录
文字
通考
杂著
石之属
目录
图像
文字
通考
题跋
义例
字书
杂著
玉之属
目录
图像
通考
题跋
杂著
甲骨之属

图像
文字
通考
义例
字书
陶之属
图像
文字
字书
郡邑之属
目录
图像
文字
题跋
杂著
目录类
通论之属
义例
考订
掌故琐记
藏书约
总录之属
史志
官修
私撰
地方
氏族
汇刻
征访
禁毁
书志之属
提要
题跋
专录之属
版本之属
通论
专考
书影
子部
丛编
儒家类
儒家之属
儒学之属
经济
性理
礼教
鉴戒
家训
乡约
女范
蒙学
劝学
俗训
道家类
墨家类
名家类
纵横家类
兵家类

兵法之属
操练之属
武术技巧之属
兵器之属
法家类
农家农学类
总论之属
农艺之属
农历农谚
土壤耕作
农家器具
作物种植
灾害防治
产品加工
烹调
茶酒
蚕桑之属
园艺之属
总志
蔬菜
瓜果
花卉
畜牧之属
水产之属
鸟兽虫之属
兽医之属
医家类
类编之属
医经之属
内经
难经
医理之属
阴阳五行、五运六气
藏象骨度
病源病机
综合
伤寒金匮之属
伤寒论
金匮要略
综合
诊法之属
脉经脉诀
历代脉学
其他诊法
针灸之属
经络腧穴
针法灸法
通论
推拿按摩外治之属
本草之属
神农本草经
历代综合本草
本草药性
食疗本草
本草杂著
方书之属
历代方书
单方验方

成方药目
温病之属
瘟疫
痧症
疟痢
其他温疫病证
内科之属
中风
虚劳
其他内科病证
妇科之属
产科
广嗣
通论
儿科之属
痘疹
惊风
通论
外科之属
外科方
痈疽、疔疮
疯症、霉疮
其他外科病证
通论
伤科之属
眼科之属
喉科口齿之属
白喉
喉痧
通论
医案之属
医话医论之属
养生之属
导引、气功
综合之属
通论
合刻、合抄
杂著
杂家类
杂著类
杂考之属
杂说之属
杂品之属
杂纂之属
杂编之属
小说家类
杂事之属
异闻之属
琐语之属
谐谑之属
天文历算类
天文之属
历法之属
算书之属
术数类
阴阳五行之属
数学之属
占候之属

命书相书之属
相宅相墓之属
占卜之属
杂术之属
艺术类
总论之属
书画之属
总论
题跋
书法书品
法帖
画法画品
画谱
画录
音乐之属
总论
琴学
乐谱
雅乐
燕乐
杂乐舞
篆刻之属
印论
印谱
游艺之属
棋弈
联语
诗钟
谜语
剧艺
投壶
蹴鞠
捶丸
烟火
角力
酒令
猜拳
博戏
杂艺
工艺类
日用器物之属
陶瓷
器具
几案
锦绣
服饰
香料
游具
雕刻
髹饰
文房四宝之属
丛录
纸
墨
笔
砚
装潢
观赏之属

庭院
瓶花
古玩
奇石
杂赏
宗教类
佛教之属
大藏
经
律
论
经疏
论疏
经咒
诸宗
总录
道教之属
道藏
经文
神符
灵图
谱箓
戒律
威仪
方法
众术
表章赞颂
杂著
其他宗教之属
伊斯兰教
基督教
其他
集部
楚辞类
别集类
汉魏六朝别集
唐五代别集
宋别集
金别集
元别集
明别集
清别集
总集类
类编之属
选集之属
通代
断代
郡邑之属
氏族之属
酬唱之属
题咏之属
尺牍之属
谣谚之属
课艺之属
域外之属
诗文评类
类编之属
诗评之属

文评之属
郡邑之属
制艺之属
文法之属
文法
函牍格式
公文程序
杂著
词类
类编之属
别集之属
总集之属
词话之属
词谱之属
词韵之属
曲类
诸宫调之属
散曲之属
曲选之属
弹词之属
宝卷之属
曲艺之属
曲韵曲谱曲律之属
曲评曲话曲目之属
戏剧类
杂剧之属
传奇之属
总集之属
杂剧
传奇
选集
小说类
短篇之属
长篇之属
类丛部
类书类
通类之属
专类之属
丛书类
汇编之属
辑佚之属
郡邑之属
家集之属
自著之属

附录4　内容形式

内容形式词

内容形式词	词的定义和范围
数据集	由数字编码数据表示的、要用计算机处理的内容。不包括数字形式记录的音乐、语言、声音、计算机复制的图像和文本
图像	通过线条、形状、阴影等表示的、用视觉感知的内容
运动	通过动作，即物体或人改变位置的动作或过程所表示的内容。不包括动态图像
音乐	通过连续地、组合和时序关系传送有序音调或声音，产生乐曲而表示的内容。音乐可以是手写的（乐谱）、演奏的、以模拟或数字形式录制的（有节奏、旋律或和声的歌唱声、乐器声和机械声）
实物	通过三维材料（自然实体或人造/机造人工制品）表示的内容，也称为三维结构或教具
程序	通过用计算机处理或执行的数字编码指令表示的内容
声音	通过动物、鸟类、自然噪声源，或人类声音、数字（或模拟）媒体模拟的声音而表示的内容。但不包括录制的音乐、话语录音
话语	通过人类说话声音表示的内容
文本	通过书写词语、符号和数字表示的内容
多种内容形式	含三种或三种以上形式的混合内容
其他内容形式	如果上列词语都不适用于受编资源，则使用“其他内容形式”

类型说明

测绘型	以任何比例表示地球或任何天体整体或部分的内容
记谱型	为艺术目的(如音乐、舞蹈、舞台演出)而通过符号系统以视觉感知表示的内容
表演型	在一定时间、在资源上记录、以听觉形式或视觉形式表示的内容

运动说明

动态	通常通过快速的连续图像,感知动态的图像内容
静态	感知静态的图像内容
注:感知资源图像内容中有无运动,内容形式为“图像”时使用	

维数说明

二维	以二维形式感知的图像内容
三维	以三维形式感知的图像内容
注:感知资源图像内容的空间维数。若从内容形式无法推断这类内容限定时,应该使用上表所列词,内容形式为“图像”时使用	

感官说明

听觉	通过听觉感知的内容
味觉	通过味觉感知的内容
嗅觉	通过嗅觉感知的内容
触觉	通过触觉感知的内容
视觉	通过视觉感知的内容
注:这个属性是指感知内容的人类感官。若从内容形式无法推断这类内容限定时,应该使用上表所列词	

附录5　媒体类型

媒体类型词	适用的载体类型
音频	可用音频播放器播放的资源
电子	计算机可用的资源
缩微	可以使用缩微品阅读器的资源
显微	使用显微镜的资源
投影	使用投影仪的资源
立体	可以使用立体观察器的资源
视频	可以使用视频播放器的资源
多媒体	用于三种或三种以上媒体类型适用的混合载体资源
其他媒体	如果上列的词不适用于媒体类型和观看、使用或感知被著录资源内容需要的中介设备,则著录“其他媒体”这个词

附录6　数据库学科类型表

<table>
<tr><td rowspan="7">人文与社会科学</td><td>语言/文学/艺术</td></tr>
<tr><td>文化/科学/教育/体育</td></tr>
<tr><td>历史/地理</td></tr>
<tr><td>经济/管理</td></tr>
<tr><td>政治/法律</td></tr>
<tr><td>军事</td></tr>
<tr><td>社会科学总论</td></tr>
<tr><td rowspan="6">工程与技术科学</td><td>航空航天/交通运输</td></tr>
<tr><td>水利工程/建筑学</td></tr>
<tr><td>环境科学/安全科学</td></tr>
<tr><td>计算机/自动化</td></tr>
<tr><td>动力/机械/能源</td></tr>
<tr><td>材料科学/其他工业技术</td></tr>
<tr><td rowspan="2">农业科学与医药科学</td><td>医学</td></tr>
<tr><td>农业科学</td></tr>
<tr><td rowspan="3">自然科学</td><td>数学/物理/化学</td></tr>
<tr><td>生物学</td></tr>
<tr><td>天文学/地球科学</td></tr>
</table>

第四部分　术语表(按类型)

1　数据库

术语	必备性	术语	必备性
正题名	必备	学科类型	必备
其他题名	有则必备	运行环境	有则必备
责任者名称	有则必备	文字语种	必备
责任方式	有则必备	声道语种	有则必备
中图分类	非古籍类必备	所属数据库	有则必备
四部分类	古籍类必备	相关资源	有则必备
主题词或关键词	必备	时间范围	有则必备
摘要	必备	空间范围	有则必备
目录	有则必备	访问方式	必备
图像	必备	访问范围	局域网访问必备
附注	有则必备	发布地址	必备
发布日期	有则必备	适用对象	必备
更新频率	必备	DOI	有则必备
内容形式	必备	CDOI	必备
媒体类型	必备	其他字段	有则必备

2　图书

术语	必备性	术语	必备性
正题名	必备	责任者名称	有则必备
其他题名	有则必备	责任方式	有则必备

续表

术语	必备性	术语	必备性
中图分类	非古籍类必备	页码	必备
四部分类	古籍类必备	文字语种	必备
主题词或关键词	必备	丛编	有则必备
摘要	必备	所属数据库	有则必备
目录	有则必备	相关资源	有则必备
附注	有则必备	时间范围	有则必备
出版者名称	有则必备	空间范围	有则必备
出版地	有则必备	版本	有则必备
出版日期	有则必备	访问方式	必备
创建日期	有则必备	访问范围	局域网访问必备
发布日期	有则必备	发布地址	必备
内容形式	必备	适用对象	必备
媒体类型	必备	ISBN	有则必备
原始标识符	有则必备	统一书号	有则必备
文件大小	有则必备	DOI	有则必备
文件格式	必备	CDOI	必备
文件数量	有则必备	其他字段	有则必备

3 图像

术语	必备性	术语	必备性
正题名	必备	责任者名称	有则必备
其他题名	有则必备	责任方式	有则必备

续表

术语	必备性	术语	必备性
中图分类	必备	文字语种	有则必备
主题词或关键词	必备	丛编	有则必备
摘要	必备	所属数据库	有则必备
目录	有则必备	出自	有则必备
附注	有则必备	相关资源	有则必备
创建日期	有则必备	时间范围	有则必备
发布日期	有则必备	空间范围	有则必备
内容形式	必备	访问方式	必备
媒体类型	必备	访问范围	局域网访问必备
原始标识符	有则必备	发布地址	必备
文件大小	有则必备	适用对象	必备
文件格式	必备	DOI	有则必备
文件数量	有则必备	CDOI	必备
颜色	必备	其他字段	有则必备
分辨率	必备		

4　音频

术语	必备性	术语	必备性
正题名	必备	中图分类	必备
其他题名	有则必备	主题词或关键词	必备
责任者名称	有则必备	摘要	必备
责任方式	有则必备	目录	有则必备

续表

术语	必备性	术语	必备性
附注	有则必备	所属数据库	有则必备
出版者名称	有则必备	出自	有则必备
出版地	有则必备	相关资源	有则必备
出版日期	有则必备	时间范围	有则必备
创建日期	有则必备	空间范围	有则必备
发布日期	有则必备	版本	有则必备
内容形式	必备	访问方式	必备
媒体类型	必备	访问范围	局域网访问必备
原始标识符	有则必备	发布地址	必备
文件大小	有则必备	适用对象	必备
文件格式	必备	ISRC	有则必备
文件数量	有则必备	ISBN	有则必备
比特率	必备	DOI	有则必备
时长	必备	CDOI	必备
声道语种	有则必备	其他字段	有则必备
丛编	有则必备		

5 视频

术语	必备性	术语	必备性
正题名	必备	中图分类	必备
其他题名	有则必备	主题词或关键词	必备
责任者名称	有则必备	摘要	必备
责任方式	有则必备	目录	有则必备

续表

术语	必备性	术语	必备性
附注	有则必备	声道语种	有则必备
出版者名称	有则必备	丛编	有则必备
出版地	有则必备	所属数据库	有则必备
出版日期	有则必备	出自	有则必备
创建日期	有则必备	相关资源	有则必备
发布日期	有则必备	时间范围	有则必备
内容形式	必备	空间范围	有则必备
媒体类型	必备	版本	有则必备
原始标识符	有则必备	访问方式	必备
文件大小	有则必备	访问范围	局域网访问必备
文件格式	必备	发布地址	必备
文件数量	有则必备	适用对象	必备
颜色	必备	ISRC	有则必备
分辨率	必备	ISBN	有则必备
声音	必备	DOI	有则必备
比特率	必备	CDOI	必备
时长	必备	其他字段	有则必备
字幕语种	有则必备		

6 连续性资源

术语	必备性	术语	必备性
正题名	必备	责任者名称	有则必备
其他题名	有则必备	责任方式	有则必备

续表

术语	必备性	术语	必备性
中图分类	必备	相关资源	有则必备
主题词或关键词	必备	时间范围	有则必备
摘要	必备	空间范围	有则必备
附注	有则必备	版本	有则必备
出版者名称	有则必备	访问方式	必备
出版地	有则必备	访问范围	局域网访问必备
开始日期	有则必备	发布地址	必备
终止日期	有则必备	适用对象	必备
内容形式	必备	出版频率	必备
媒体类型	必备	馆藏范围	必备
原始标识符	有则必备	ISSN	有则必备
文件格式	必备	CN	有则必备
文字语种	必备	DOI	有则必备
丛编	有则必备	CDOI	必备
所属数据库	有则必备	其他字段	有则必备

7 文章

术语	必备性	术语	必备性
正题名	必备	中图分类	必备
其他题名	有则必备	主题词或关键词	必备
责任者名称	有则必备	摘要	必备
责任方式	有则必备	目录	有则必备

续表

术语	必备性	术语	必备性
附注	有则必备	出自	必备
创建日期	有则必备	相关资源	有则必备
发布日期	有则必备	时间范围	有则必备
内容形式	必备	空间范围	有则必备
媒体类型	必备	访问方式	必备
原始标识符	有则必备	访问范围	局域网访问必备
文件大小	有则必备	发布地址	必备
文件格式	必备	适用对象	必备
文件数量	有则必备	DOI	有则必备
文字语种	必备	CDOI	必备
所属数据库	有则必备	其他字段	有则必备

8　网页

术语	必备性	术语	必备性
正题名	必备	附注	有则必备
其他题名	有则必备	创建日期	有则必备
责任者名称	有则必备	发布日期	有则必备
责任方式	有则必备	内容形式	必备
中图分类	必备	媒体类型	必备
主题词或关键词	必备	原始标识符	有则必备
摘要	必备	文件格式	必备
目录	有则必备	文字语种	必备

续表

术语	必备性	术语	必备性
丛编	有则必备	访问范围	局域网访问必备
所属数据库	有则必备	发布地址	必备
出自	有则必备	适用对象	必备
相关资源	有则必备	DOI	有则必备
时间范围	有则必备	CDOI	必备
空间范围	有则必备	其他字段	有则必备
访问方式	必备		

第五部分　实例

1 数据库

正题名:天津曲艺

责任者名称:天津图书馆

责任方式:制作

中图分类:J826

主题词或关键词:天津;曲艺;京韵大鼓;京东大鼓;相声;快板

摘要:天津曲艺数据库是由天津图书馆制作的特色自建数据库,该数据库包括曲艺知识、曲坛轶事、理论研究、曲种大观、名家名角、演出场所、获奖作品等内容。并主要介绍了天津的特色曲艺,例如相声、评书、天津时调、快书、快板等。

图像:

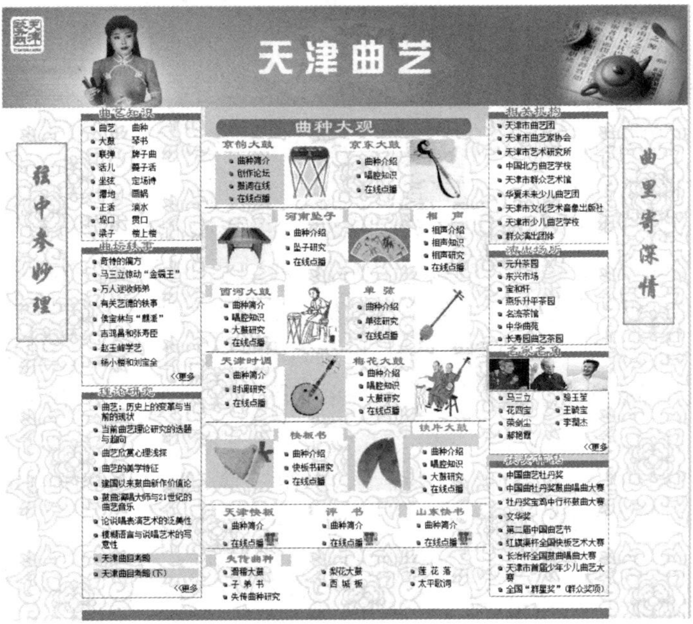

发布日期:2013-08-27
更新频率:不定期更新
内容形式:多种内容形式
媒体类型:电子
学科类型:语言/文学/艺术
文字语种:chi
声道语种:chi
访问方式:互联网访问
发布地址:略
适用对象:普通用户
CDOI:略

2 图书

正题名:清真教之研究
责任者名称:(英)罕直克马伦定
责任方式:著
中图分类:B968
主题词或关键词:伊斯兰教;教义;宗教学术;和平思想
摘要:伊斯兰学术译著。书中对伊斯兰基本信仰,五大功课及伊斯兰教的和平思想进行了论述和分析,认为伊斯兰教是济世利人的宗教,特别是伊斯兰教的和平思想,更是有利于人。作者在论述时,分析对比,引经据典,旁征博引,并能联系实际,有一定的学术意义和实践价值。
目录:第一篇,信仰;第二篇,五功;第三篇,礼拜;第四篇,斋戒;第五篇,天课;第六篇,朝觐
出版者名称1:甘肃文化出版社
出版地1:兰州市

出版者名称 2:宁夏人民出版社
出版地 2:银川市
出版日期:2008
内容形式:文本
媒体类型:电子
文件大小:15MB
文件格式:SWF
页码:81 页
文字语种:chi
所属数据库:回伊地方文献资源库
访问方式:局域网访问
访问范围:宁夏回族自治区图书馆局域网
发布地址:略
适用对象:普通用户
ISBN:978-7-80714-558-5
CDOI:略

3　图像

正题名:[贵阳青岩古镇]
责任者名称:贵州省图书馆
责任方式:拍摄
中图分类:J414
主题词或关键词:贵州;贵阳;古镇;苗王城

摘要:贵阳青岩古镇组图描述的是贵阳市的青岩古镇,共四幅图组成,分别是青岩古镇全貌、青岩古镇朝门、青岩古镇背街、青岩古镇文昌阁。组图由贵州省图书馆拍摄,描述贵阳市旅游资源,并与众多照片集合成贵阳旅游发展特色数据库。

目录:第一幅,青岩古镇全貌;第二幅,青岩古镇朝门;第三幅,青岩古镇背街;第四幅,青岩古镇文昌阁

创建日期:2012-05-30

内容形式:图像(静态)

媒体类型:电子

文件大小:25.5MB

文件格式:JPG

文件数量:4

颜色:彩色

分辨率:5184×3456

文字语种:chi

所属数据库:贵阳旅游发展特色数据库

访问方式:互联网访问

发布地址:略

适用对象:普通用户

CDOI:略

4 音频

正题名:美丽的草原我的家

责任者名称1:阿拉腾奥拉

责任方式1:作曲

责任者名称2:火华

责任方式2:作词

中图分类:J642.222.6

主题词或关键词:蒙古族音乐;马头琴;草原

摘要:《美丽的草原我的家》是一首具有蒙古族民歌韵味的经典原创歌曲,创作于1977年,作曲阿拉腾奥拉,1980年这首曲目被联合国

教科文组织作为世界优秀歌曲选入教材并收入《亚太歌曲集》。2000年获得国际金奖。歌曲主要描述内蒙古草原的美景以及蒙古族人民对草原的深厚感情。

内容形式:音乐(表演型)

媒体类型:电子

声道语种:chi

文件大小:5.5MB

文件格式:MP3

比特率:64Kbit/s

时长:00:05:31

空间范围:内蒙古自治区

所属数据库:蒙古族文化艺术数据库

访问方式:互联网访问

发布地址:略

适用对象:普通用户

CDOI:略

5　视频

正题名:魔岭大战

其他题名:བདུད་གླིང་གཡུལ་འགྱེད།

责任者名称:扎西多吉

责任方式:演唱

中图分类:I291.442

主题词或关键词:魔岭大战;格萨尔;西藏;说唱;非遗

摘要:魔岭大战讲述了备受部落战争之苦的古代藏族社会生活的真实图景:天灾人祸遍及藏区,妖魔鬼怪横行,黎民百姓遭受荼毒。慈悲的观音菩萨为了济度众生,向阿弥陀佛请求派天神之子下凡降魔。

格萨尔降临人间后,多次遭到陷害,但由于他本身的力量和诸天神的保护,不仅未遭毒手,反而将害人的妖魔和鬼怪杀死。从诞生之日起,格萨尔就开始为民除害,造福百姓。十二岁,参加赛马大会获胜,赢得王位后,更是征战四方,先后降服了几十个「宗」——古代的部落和小邦国家。在降服了人间妖魔之后,格萨尔功德圆满,与母亲郭姆、王妃森姜珠牡等一同重返天界。

附注:格萨尔精品说唱
发布日期:2014-06-09
内容形式:图像(动态)
媒体类型:电子
文件大小:20.1GB
文件格式:MPG
文件数量:5
颜色:彩色
分辨率:720×576
声音:有声
比特率:224 Kbit/s
时长:03:04:32
字幕语种:chi
声道语种:tib
丛编:格萨尔史诗
所属数据库:格萨尔史诗多媒体数据库
访问方式:互联网访问
发布地址:略
适用对象:普通用户
CDOI:略

6　连续性资源

正题名:人人周报

责任者名称:程景亮

责任方式:主编

中图分类:D693

主题词或关键词:政治;经济;文化;民国时期;北平

摘要:人人周报由程景亮先生于 1936 年在北平创刊,主要描写 1936 年北平的政治、经济、文化以及社会生活,深刻地反映了民国时期北平人民的生活境态。人人周报针对不同事件,分为时事评话、国际评话、社会、妇女界、戏剧、学生生活、常识、文艺几个主题,一定程度上代表了当时进步青年的对社会的认识程度。

出版者名称:人人周报社

出版地:北平

开始日期:1936

终止日期:1936

内容形式:文本;图像(静态)

媒体类型:电子

文件格式:PDF

文字语种:chi

所属数据库:民国期刊

访问方式:互联网访问

发布地址:略

使用对象:普通用户

出版频率:周刊

馆藏范围:1936 年 1 卷 1 期至 1936 年 1 卷 24 期

CDOI:略

7 文章

正题名:安溪古代瓷业与外销

中图分类:TQ174 - 092

主题词或关键词:福建;安溪;瓷器;商贸;古代

摘要:安溪县地处福建东南沿海,自古以来是个制瓷业的重要地区,近年来,在考古调查中,发现宋至清的大量古瓷窑址,其中不少是外销产品。本文对安溪地区瓷器种类、瓷业的兴起原因、瓷器的外销方式等几个方面做了调查研究。

内容形式:文本

媒体类型:电子

文件大小:5.77MB

文件格式:PDF

文字语种:chi

所属数据库:泉州文史库

出自:安溪文史资料第1辑

时间范围:古代

空间范围:福建省泉州市

访问方式:互联网访问

发布地址:略

适用对象:普通用户

CDOI:略

8 网页

正题名:电子商务企业网“揽”大商机

责任者名称:吴德群

责任方式:撰写

中图分类:F713.36

主题词或关键词:深圳高交会;电子商务;创新;中小企业

摘要:深圳成为首个国家电子商务示范城市,并出台互联网产业规划,激发了深圳互联网企业的创新创业激情。网页主要介绍了第十届高交会上创新电子商务获得市场争抢;专业细分抢占中小企业市场;经济回暖电子商务商机无限等内容。

创建日期:2009-11

内容形式:文本

媒体类型:电子

原始标识符:27328

文件格式:HTML

文字语种:chi

所属数据库:深圳高交会数据库

出自:2009-11-20 深圳特区报　A11　打造世界科技第一展

时间范围:2009

空间范围:深圳市

访问方式:互联网访问

发布地址:略

适用对象:普通用户

CDOI:略

参考文献

[1] 王松林. 论网络信息资源的元数据编目[J]. 图书馆学刊,2004(2).

[2] 刘炜. 关于元数据的十万个为什么[EB/OL]. [2015-04-20]. http://www.libnet.sh.cn/sztsg/fulltext/abc/metaFAQ.pdf.

[3] Dempsey L, Herry R. Metadata: A Current View of Practice and Issues. The Journal of Documentation, 1998, 54(2).

[4] Taylor A G. The Organization of Information. Eaglewood, Colorado: Libraries Unlimited, Inc., 1999.

[5][18] 肖珑,申晓娟. 国家图书馆元数据应用总则规范汇编[M]. 北京:国家图书馆出版社,2011.

[6] 梁蕙玮. 公共图书馆自建资源整合研究与实例分析[M]. 北京:国家图书馆出版社,2014.

[7] 郑彦宁,化柏林. 数据、信息、知识与情报转化关系的探讨[J]. 情报理论与实践,2011(7).

[8] 刘嘉. 元数据导论[M]. 北京:华艺出版社,2002.

[9][17] 张晓林. 数字图书馆理论、方法与技术[M]. 北京:北京图书馆出版社,2007.

[10] 杨超. 数字图书馆描述性元数据仓储模型研究[D]. 上海:上海交通大学,2009.

[11] Gilliland-Swetland A J. Setting the Stage: Defining Metadata[C]//Murtha Baca. Introduction to Metadata: Pathways to Digital Information, Los Angeles: Getty Information Institute, 1998.

[12] 袁红梅. 网络信息资源管理模式——元数据[J]. 渭南师范学院学报,2004(5).

[13] 赵军. 数据资源描述与组织的元数据方法[D],天津:天津大学,2005.

[14] 肖珑,赵亮. 中文元数据概论与实例[M]. 北京:北京图书馆出版社,2007.

[15] 托马斯·贝克. DC词表的维护:实践、策略与模型[J]. 夏翠娟,刘炜,译. 图书馆杂志,2004(5).

[16] 刘炜,楼向英,赵亮. DC元数据的历史、现状及未来[EB/OL]. [2015-04-20]. http://www.kevenlw.name/.

[19-20] 赵以安. 新版DC元数据抽象模型研究[J]. 图书情报工作,2008(12).